과학이 재미있어지는 특별한 이야기들……

친구들 중에는 재미있는 이야기를 해 주면 꼭 이러는 아이가 있어요.
"말도 안 된다, 흥!"
그러다 정말 말 되는 이야기를 해 주면 또 이러지요.
"아유, 재미 없다, 재미 없어!"
교과서에 나오는 과학이 그래요.
분명히 신기하고 흥미로운데 왜 재미 없을까요?
꽉 막힌 교실, 좁고 딱딱한 의자에 앉아서 비슷한 설명만 듣다 보니
과학은 지루할 뿐이라고 생각해서 그런 거예요.
가만히 생각해 보세요.
만약, 탁 트인 푸른 들판에서, 폭신폭신한 풀밭에 누워,
들꽃도 되고, 나비도 되고, 구름도 되어 가며
과학을 배운다면 어떨까요?
정말 유익하고 재미있겠지요.

<교과서 과학 이야기>에서는 딱딱하다고 여기는 과학을
깜짝 놀랄 만큼 재미있는 동화로 풀어 썼어요.
그림자는 왜 생기는지, 플라나리아는 어떻게 재생이 되는지 꼬치꼬
치 따지고 설명하지 않아도 동화를 읽다 보면 저절로
알게 되지요.
또, 초등학교 각 학년에서 꼭 알아야 할 과학을 가려 뽑아
학교 공부에도 큰 도움을 주지요. 동화도 읽고,
학교 공부도 하고, 게다가 교과서에는 안 나오는 놀라운 상식에
무지무지하게 웃기는 만화까지…….
이게 바로 돌멩이 하나로 네 마리 참새를 잡는
일석사조라고요.
설탕과 안경, 파도와 두꺼비 등 깜찍하고 특별한 이야기
주인공들과 함께 신나는 과학 여행을 떠나 보세요.
여러분, 이 책을 재미있게 읽고 다가올 미래에 인류의 과학을
이끌어 가는 큰 사람이 되길 바랄게요.

엮은이

차례

수평 잡기 버섯 마을의 비행기 소동 / 8

뚱보 아저씨의 양팔 저울 / 20

우리 생활과 액체 얼룩때를 잡아라! / 32

전구에 불켜기 꼬마 전구의 소원 / 42

전기 나라 릴레이 경주 / 50

전기의 여행 / 60

강낭콩 궁금이 공주와 콩콩이 강낭콩 / 70

나는 사랑받을 만해 / 80

혼합물 분리하기 수돗물의 여행 / 88

고향으로 돌아온 바닷물 / 96

아이스크림이 좋아요 / 104

식물의 뿌리 고구마가 뿌리래요 / 114

강과 바다 용왕님의 욕심은 끝이 없어라 / 122

강과 바다 **바람이를 찾아서** / 128

헤어진 쌍둥이 형제 / 138

별자리를 찾아서 **토순이와 별자리** / 146

동물의 생김새 **신령님의 선물** / 156

동물의 암수 **수탉이 되고 싶은 꼬꼬** / 166

지층을 찾아서 **사자가 제일 무서워하는 것은?** / 174

화석을 찾아서 **소설가 거북의 '공룡과 은행나무의 사랑'** / 182

열에 의한 물체의 부피 변화 **깡충이의 요술 상자** / 194

이리 형제의 얼음집 / 202

참새들의 고무줄놀이 / 210

용수철 늘이기 **엉뚱한 생일 선물** / 220

모습을 바꾸는 물 **꾀쟁이 물장수** / 228

열의 이동과 우리 생활 **냄비와 뚝배기** / 236

4학년이 꼭 읽어야 할 26가지 과학 이야기

- 버섯 마을의 비행기 소동
- 뚱보 아저씨의 양팔 저울
- 얼룩때를 잡아라!
- 꼬마 전구의 소원
- 전기 나라 릴레이 경주
- 전기의 여행
- 궁금이 공주와 콩콩이 강낭콩
- 나는 사랑받을 만해
- 수돗물의 여행
- 고향으로 돌아온 바닷물
- 아이스크림이 좋아요
- 고구마가 뿌리래요
- 용왕님의 욕심은 끝이 없어라
- 바람이를 찾아서
- 헤어진 쌍둥이 형제
- 토순이와 별자리

🍓 수평 잡기

버섯 마을의 비행기 소동

버섯 마을에는 여러 가지 모양의 집들이 많았어요. 노란 버섯집에는 깜찍한 요정들이 살았고, 독버섯집에는 싸마라는 마법사가 멍청한 고양이를 데리고 살았어요.

싸마와 고양이는 매일 요정들을 괴롭힐 궁리만 했어요. 오늘도 무슨 음모를 꾸미고 있나 봐요. 놀러 나갔던 어리둥절 건망이 요정이 돌아와서 호들갑스럽게 이야기하는 걸 보면 말이에요.

"애들아, 애들아! 내가 황새를 타고 하늘을 날면서 놀고 있는데 말이야. 그, 글쎄……."

"건망아, 왜 그리 호들갑이니? 뭘 봤는지 차근차근 말해 봐. 숨 좀 돌리고 말이야."

예쁘장한 뾰롱이 요정이 거울을 보며 물었어요.
"그러니까 말이지, 어마어마하게 큰 새가 내 옆을 휙 지나가는 거야. 내 황새는 그 새에 비하면 참새만하게 보일 거야. 날아가는 소리도 얼마나 큰지 몰라. 그런데 중요한 건 날개를 한 번도 퍼덕이지 않는 거야! 그 새는 속이 뻥 뚫렸는데, 거기에 누가 타고 있었는 줄 아니?"
건망이 요정이 이것저것 이야기한 뒤 뜸을 들이자, 모두들 귀가 솔깃해졌어요.
"도대체 누군데 그래?"
똘똘이 요정이 답답한 듯 물었어요.
"글쎄, 싸마 마법사랑 고양이가 탔더라고. 돌을 한 무더기 싣고 말이야."
"뭐, 뭐라고? 싸마가 나보다 먼저 비행기를 만들었단 말이야? 게다가 돌무더기까지?"
똘똘이 요정은 당황한 목소리로 말했어요.
"비행기가 뭐야?"
건망이가 어리둥절해서 물었어요.
"비행기는 인간 마을에서 만들어 낸 거야. 그래서 나도 이 책을 사서 연구하고 있었거든. 그런데 싸마가

선수를 쳤단 말이지!"
 똘똘이는 〈비행기의 역사와 우주 공학〉이라는 책을 들고 설명을 했어요.
 "너희들에겐 좀 어려운 책이지. 비행 기술과 첨단 우주선에 대해 써 놓은 책이니까."
 "역시 똘똘이는 유식하다니까!"
 뾰롱이는 여전히 거울을 들여다보며 감탄했어요.
 이 때 '위잉 쿵!' 하는 큰 소리가 들렸어요.
 "저런, 싸마가 비행기를 만들긴 했는데 지식이 좀 모자랐나 보군, 쯧쯧쯧. 무게 중심을 잘못 잡아서 고꾸라진 게 틀림없어!"
 똘똘이는 고소해하며 잘난 체를 했어요.
 "무게 중심은 또 뭐야?"

여전히 어리둥절한 건망이는 계속 질문을 했어요.
"너는 말해 줘도 모르잖아. 하지만 이 기회에 알아 두는 것도 좋으니까 가르쳐 주지. 무게 중심이란 물체에 작용하는 중력의 중심을 말하는 거야."
건망이는 여전히 멍한 표정으로 코를 벌렁거렸어요. 신이 난 똘똘이는 목에 힘을 주고 계속 설명했지요.
"날아가는 비행기에는 두 개의 힘이 작용하지. 하나는 떠오르려는 힘이고, 다른 하나는 지구가 잡아당겨 생기는 떨어지려는 힘이야. 다시 말해 떠오르는 힘과 떨어지려는 중력이 비행기에 함께 작용하는 거지."
"그게 싸마의 비행기와 무슨 상관이야?"

"끝까지 들어보라니까! 인간이 만든 비행기는 착륙할 때 뒷바퀴부터 내리지. 왜냐면 착륙을 할 때는 날아오르는 힘보다 떨어지려는 힘이 더 세기 때문이야. 그게 안 되어 있으니까 싸마의 비행기는 앞으로 고꾸라진 거지."

"뒷바퀴부터 내리면 두 힘을 조절할 수 있어서 고꾸라지지 않는다는 거니?"

뾰롱이는 두 팔을 벌리고 비행기 흉내를 내며 똘똘이 주위를 뱅뱅 돌았어요.

"맞아. 뒷바퀴부터 내리면 비행기가 앞으로 나가는 속

도를 늦출 수가 있어."
"그럼, 비행기가 천천히 가면 떨어져 버리는 것과도 상관이 있구나?"
"역시 뾰롱이는 하나를 가르쳐 주면 열을 안다니까."
똘똘이 요정에게 칭찬을 받은 뾰롱이는 어깨를 으쓱으쓱 흔들어 보였어요.
"하지만 뾰롱아, 비행기가 내릴 때 속도만 늦춘다고 안전한 건 아니야. 날던 비행기가 안전하게 땅 위에 내리기 위해선 중심을 잘 잡을 필요가 있어."
똘똘이는 추락한 싸마의 비행기를 가리켰어요.
"저길 봐. 싸마같이 무게 중심을 앞에 놓으면, 비행기처럼 긴 물체는 앞부분부터 떨어지지."
"아하, 그래서 인간의 비행기가 착륙할 때는 무게 중심을 뒤에 두고, 뒷바퀴부터 땅에 닿는 것이구나!"
"우와? 건망이가 어쩐 일로 말귀를 알아들었네!"
"하하하, 호호호, 깔깔깔."
노란 버섯집의 요정들은 공중으로 가볍게 떠오르며 한바탕 웃었어요. 요정들이 즐거워하고 있을 때, 노란 버섯집 문 앞에서는 멍청한 고양이가 모든 이야기를 엿듣고 있었어요. 이야기를 다 들은 고양이는 쏜살같이 싸

마 마법사에게로 달려갔어요.

"주인님. 요정놈들의 말을 들어 보니 주인님의 마법 주문이 틀린 것 같습니다. 비행기는 무게 중심이라는 게 무조건 뒤에 있어야 한다는군요."

멍청이 고양이가 요정들의 얘기를 잘못 알아듣고 싸마에게 전했어요. 하지만 싸마는 고양이의 말만 믿고, 마법의 주문을 다시 외웠어요.

"싸마싸마 오~ 싸마, 무게 중심을 무조건 뒤로!"

그러자 '푸앙!' 소리가 나더니 새로운 비행기가 싸마 앞에 나타났어요.

"이제 제대로 된 비행기를 탈 수 있겠군. 그럼 이 비행기를 이용해서 저 요정놈들을……. 푸하하! 이번만

은 무사하지 못할 거다. 각오해라, 귀찮은 요정놈들!"

싸마는 비행기를 작동해 보았어요. 하지만 털털털 소리만 날 뿐 비행기는 뜰 생각을 하지 않았어요. 알고 보니 비행기의 무게 중심이 몽땅 뒤에 있었던 거예요. 이러니 비행기가 뜰 수 있었겠어요?

"이 멍청한 고양이야! 똑바로 들었어야지!"

화가 난 싸마는 고양이에게 빗자루를 집어던졌어요.

"야~오옹, 고양이 살려!"

빗자루를 피하지 못한 고양이는 눈에 시퍼런 멍이 들었어요. 이 모습을 지켜 보던 요정들은 '야호!' 하고 환호성을 질렀어요. 비행기를 이용해서 요정들을 골탕먹이려던 싸마 마법사는 자기 꾀에 자기가 넘어간 거지요.

비행기는 이렇게 날아요

비행기가 하늘을 날 때는 그와 똑같은 속도의 바람이 비행기의 여러 부분에 부딪혀요. 이렇게 비행기의 날개에 바람이 부딪히면, 바람이 날개의 윗면과 아랫면으로 갈라져 흐르게 되죠.

그런데 비행기의 날개는 아랫면보다 윗면이 더 많이 굽어 있어요. 이것 때문에 윗면을 흐르는 공기는 아랫면을 흐르는 공기보다 더 빨리 흐르게 되지요. 그로 인해 날개의 윗면을 지나가는 공기의 압력은 작아지고, 아랫면을 지나가는 압력은 커지는 거예요.

따라서 자연히 위에서 아래로 누르는 힘보다 아래에서 위로 밀어주는 힘, 즉 양력이 더 크게 작용하게 되죠.

따라서 날개를 위로 올리는 힘이 커지게 되는 거예요.

또 프로펠러가 빠르게 돌면 공기 속에 나사를 박아 넣고 전진하는 나사못처럼 앞으로 나아가는 힘인 추진력을 얻게 되지요.

그래서 추진력을 얻은 비행기는 새처럼 날개를 퍼덕이지 않아도 날 수 있는 거예요.

놀라운 상식 백과

비행기가 오래 날 수 있는 까닭은 뭘까요?

어떤 물체를 하늘로 힘껏 던지면 높이 올라갔다가 다시 떨어집니다. 이 때 공중으로 던진 물체가 올라가다가 아래로 떨어지기 시작하는 곳이 바로 위로 향하는 힘과 아래로 향하는 힘의 균형이 잡혀 있는 곳입니다. 하늘을 떠다니는 비행기도 이런 물체처럼 위로 향하는 힘과 아래로 향하는 힘의 균형에 영향을 받습니다. 비행기가 앞으로 나아가면 날개는 공기와 부딪히면서 위로 향하는 힘이 생깁니다. 이 때 위로 향하는 힘은 아래로 떨어지려는 힘과 균형이 잡히면서 떨어지지 않고 오랫동안 떠 있을 수 있답니다.

날고 있는 비행기의 속도는 어떻게 잴까요?

비행기가 나는 속도는 공기의 흐름을 이용해 잽니다. 비행기 바깥 공기의 흐름을 측정하는 데는 '피트관' 이라는 도구가 사용됩니다. 이 관은 공기의 흐름을 직접 받아들이는 곳과 직각으로 마주하고 있는 곳으로 이루어진 이중관입니다. 따라서 공기의 흐름에 영향을 받지 않습니다. 그래서 '피트관' 이라는 이중관을 이용하여 압력의 차이를 파악한 후 비행기의 속도를 재는 것입니다.

 씽크탱크

물체의 무게 중심은 모두 가운데 있을까요?

　서커스단의 곰동이는 연습에 한창입니다. 땀을 뻘뻘 흘리면서 뒤뚱뒤뚱 걷는 곰동이가 왜 이렇게 열심인 줄 아세요? 내일이면 많은 사람들 앞에서 평균대 걷기를 해야 하거든요. 곰동이에게 연습을 시키는 나신기 아저씨가 말했습니다.

　"음, 막대기의 가운데를 잡고 걷는 건 이만하면 됐고, 이번에는 끝을 잡고 해 보겠니? 이 생선 다 줄게."

　생선이라면 물불을 가리지 않는 곰동이는 얼른 평균대 위로 올라갔습니다. 그리고 막대기의 끝을 꼭 잡았습니다. 그런데 올라서자마자 '기우뚱!' 넘어질 뻔했어요. 큰일날 뻔한 곰동이는 곰곰이 생각하더니 막대기를 똑바로 세우고 평균대 위를 걸었어요. 그 날 곰동이는 배가 터지도록 생선을 먹었답니다.

　곰동이는 어떻게 평균대에서 떨어지지 않았을까요?

　모든 물건에는 무게 중심이 있어요. 연필과 같이 두께가 일정하고 길이가 긴 물건은 무게 중심이 가운데 있지만, 두께가 일정하지 않은 물건은 무거운 쪽으로 무게 중심이 치우치게 돼요.

　예를 들어 나팔은 가느다란 쪽보다 넓은 쪽으로 무게 중심이 치우쳐 있지요.

　그래서 곰동이가 막대기의 한쪽 끝을 잡고 평균대를 걸을 수 있었던 거예요. 곰동이는 평균대 걷기를 너무 잘 해서 서커스단에서 제일 사랑받는 동물이 되었답니다.

🍓 수평 잡기

뚱보 아저씨의 양팔 저울

아주 게으르고 먹는 것만 좋아하는 뚱보 아저씨가 살았습니다. 아저씨는 매일 배가 터지도록 닥치는 대로 먹어댔습니다. 가끔 먹는 게 시시해지면 혼자서 재미있는 방법으로 먹곤 했습니다.

"이렇게 양팔 저울을 놓고, 한쪽에는 빵을, 다른 쪽에는 과자를 얹는 거야. 이런! 오른쪽이 더 무겁군!"

아저씨는 오른쪽에 있는 빵을 한 입 베어 먹었습니다.

"어? 이번엔 왼쪽이 더 무겁네."

뚱보 아저씨는 싱글벙글 웃으며 빵을 먹었습니다. 자다가 일어나서 먹고, 먹다가 지치면 잠을 잤습니다. 청소도 안 하고 설거지도 안 해서 집 안은 엉망진창이었습

니다. 그러나 아저씨는 먹는 것 외에는 아무런 관심이 없었습니다.

  그 날도 자다 일어난 뚱보 아저씨는 냉장고에 머리를 처박고 엉덩이를 쭉 뺀 채 달그락달그락 음식을 찾고 있었습니다. 그런데 아무리 찾아보아도 냉장고 안에는 먹을 만한 게 하나도 없었습니다. 그나마 남은 음식은 모두 상해서 쉰 냄새가 진동을 했습니다.

  "아이쿠, 냄새! 이럴 줄 알았으면 빨리 먹어 치울걸."

  아저씨는 냉장고 문을 쾅 닫으면서 혼잣말을 했습니다. 몇 마디 투덜거렸더니 더욱 배가 고팠습니다. 뱃속에선 꼬르륵꼬르륵, 눈앞에는 피자가 아른아른, 정말 배가 고파 죽을 지경이었습니다.

  '하는 수 없지. 옆집에 있는 말라깽이한테 음식을 꿔 달라고 하는 수밖에…….'

아저씨는 뒤뚱거리며 옆집으로 향했습니다. 가는 길목엔 포도, 바나나, 앵두, 호두가 모여 있었습니다.

"배가 불룩 뚱보 아저씨, 뒤뚱뒤뚱 어딜 가십니까?"

포도알들이 낄낄거리며 아저씨를 놀렸습니다. 날씬한 바나나들도 거들었습니다.

"저렇게 뚱뚱해서 어딜 갈 수나 있겠니? 이번에도 옆집 말라깽이 아저씨한테 구걸하러 가는 거겠지!"

포도랑 바나나는 저희들끼리 쑥덕쑥덕하면서 깔깔깔 웃었습니다.

"얘들아, 어른한테 그게 무슨 말버릇이니?"

예의바른 호두가 친구들을 타일렀습니다.

"맞아, 그래도 우리 주인의 친군데 말이야."

빨간 앵두가 끼여들며 말했습니다. 그랬더니 포도와 바나나가 대뜸 화를 냈습니다.

"네까짓 게 뭘 안다고 까불어! 땅꼬마 앵두 주제에."

"뭐? 땅꼬마!"

앵두가 씩씩거리자 포도는 다시 소리를 질렀습니다.

"네가 땅꼬마가 아니면, 거인이라도 된단 말이냐? 게다가 넌 우리 포도처럼 맛있는 것도 아니잖아."

"맞아. 그렇다고 우리 바나나처럼 날씬하고 달콤하지

도 않잖아? 잘난 체하는 호두도 마찬가지야. 딱딱한 껍질 때문에 사람들이 잘 안 먹잖아. 킥킥."

포도와 바나나는 서로 자기가 맛있다며 으스대기 시작했습니다. 이 모습을 보고 있던 뚱보 아저씨는 좋은 꾀를 하나 생각해 냈습니다.

"얘들아, 뚱뚱하고 날씬한 건 재어 봐야 알지. 그리고 먹어 보지도 않았는데 누가 더 맛있는지 어떻게 알 수가 있겠니, 안 그래?"

"맞아! 아저씨 말대로 길고 짧은 건 대어 봐야 안다고. 그런데 어떻게 비교하죠?"

포도는 금세 뚱보 아저씨에게 친한 척을 했습니다. 그러자 아저씨는 껄껄껄 웃으며 대답했습니다.

"그거야 내 양팔 저울에 달아 보면 되지."

뚱보 아저씨는 신이 나서 집으로 가 양팔 저울을 가지고 나왔습니다.

"자, 이 양팔 저울이 수평을 이루도록 중심 막대를 가운데 두자. 그리고 각각 무게가 다른 여러 개의 추를 이용해서 너희들의 무게를 재야 한단다. 왜냐 하면 양팔 저울은 정육점에서 무게를 재는 저울이나 체중계와는 다르기 때문에 그냥 봐서는 무게를 제대로 알 수가 없거든. 어때? 양쪽이 똑같아졌지? 그럼, 우리들 중에서 누가 제일 날씬한지 한번 재어 볼까?"

"그거야 당연히 제가 제일 날씬하죠."

포도가 말하자, 바나나도 한 마디 했습니다.

"무슨 소리! 날씬한 걸로 치면 나를 따라올 과일은 세상에 없어, 안 그래?"

"이렇게 다툴 게 아니라 직접 포도랑 바나나부터 재어 보도록 하자꾸나."

아저씨 말이 끝나자마자, 포도가 양팔 저울 오른쪽 위로 폴짝 뛰어올라갔습니다. 그러자 양팔 저울의 오른쪽이 쭈우욱 내려갔습니다.

"어엉? 아저씨 이게 무슨 일이에요. 도대체 제 몸무게가 얼마나 되

길래 저울이 이렇게 된 거죠?"

뚱보 아저씨는 주머니에서 2백 그램짜리 추를 꺼내 저울 왼쪽 접시에 올려놓았습니다. 하지만 포도가 앉아 있는 저울의 오른쪽은 조금 올라가다가 말고 멈췄습니다.

"아이고, 포도야. 이 추가 무게의 가장 표준인데 이것보다 무겁다면 너는 뚱뚱한 거야."

아저씨는 거짓말을 했습니다.

"그게 정말이에요? 아이 창피해."

포도는 두 손으로 얼굴을 감쌌습니다.

"걱정하지 말거라, 포도야. 내가 너의 포도알을 몇 개 따서 먹으면 너는 표준 무게가 될 테니까 말이야."

"그럼 빨리 저의 포도알을 먹어 주세요."

포도가 몸을 들이밀자 뚱보 아저씨는 포도알을 똑똑 따 먹었습니다.

"어디 다시 한 번 재어 볼까?"

아저씨는 이번에는 1백 그램짜리 추를 양팔 저울의 왼쪽에 올려놓았습니다. 가벼운 추를 반대편에 놓으니

포도 쪽의 저울 접시가 아래로 내려가는 건 당연하죠. 아저씨는 추의 무게를 달리해서 계속 포도알을 따 먹었습니다. 포도알이 얼마 남지 않자 뚱보 아저씨는 바나나도 먹고 싶어졌습니다. 그래서 포도와 비슷한 무게의 추를 양팔 저울에 올렸습니다.

"포도는 이제 날씬해졌구나! 그럼, 이제 바나나의 몸무게도 재어 볼까?"

"좋아요. 저는 문제 없을걸요?"

포도가 저울에서 내려오자, 바나나가 잘난 체를 하며 양팔 저울의 오른쪽 접시 위로 올라갔습니다.

뚱보 아저씨는 1백 그램짜리 추를 주머니에서 꺼내 저울 왼쪽 접시에 올려놓았습니다.

"바나나야, 네 무게는 이 추의 두 배는 되겠는걸!"

그러면서 1백 그램짜리 추를 하나 더 올려놓았습니다. 그러나 바나나가 앉아 있는 오른쪽은 꿈쩍도 하지 않았습니다. 아저씨는 혼자 좋아하며 말했습니다.

"잘 봤지? 너도 살 좀 빼야겠다."

그러자 과일들이 바나나를 놀리며 웃었습니다. 바나나는 너무 부끄러워 어쩔 줄 몰랐습니다.

"걱정 마. 이 아저씨가 도와 줄게."

뚱보 아저씨는 바나나를 하나 둘 따서 먹었습니다. 바나나는 몸이 아팠지만 날씬해지기 위해 꾹 참았습니다. 아저씨는 포도에게 했던 것처럼 계속 추의 무게를 달리 해서 바나나를 속였습니다. 그리고 야금야금 달콤한 바나나를 먹어 치웠습니다. 결국 바나나는 기운이 쭉 빠졌습니다. 포도도 마찬가지였습니다.

"이러다가 포도와 바나나가 뚱보 아저씨에게 다 먹히겠어!"

과일들이 걱정스럽게 말했습니다.

"맞아, 아저씨는 추의 무게를 다르게 해서 포도와 바나나를 속인 거야. 양팔 저울에 사용되는 추에는 여러 종류가 있을 거야. 또 추의 무게에 표준이 어디 있겠니? 우리가 아저씨한테 속은 거야!"

호두가 소리쳤습니다. 이 말을 들은 과일들은 힘을 합쳐 아저씨의 양팔 저울 위로 우르르 뛰어올라갔습니다. 그러자 뚱보 아저씨의 양팔 저울은 오른쪽, 왼쪽으로 기우뚱거렸습니다. 결국 양팔 저울은 과일들로 꽉 차게 되었습니다.

'팅팅~ 티이잉~ 철커덕!'

양팔 저울의 중심 막대는 무게를 이기지 못하고 부러

져 버렸습니다. 이 모습을 본 뚱보 아저씨는 화가 잔뜩 나서 씩씩거렸습니다.

"호두 이놈! 너 때문에 내 계획이 어긋나 버렸어!"

아저씨는 소리를 지르더니 호두를 입에 넣고 꽉 깨물었습니다.

그런데 이게 웬일입니까? 갑자기 우드득 소리가 나더니 아저씨의 비명도 함께 들렸습니다.

"아이고, 이야. 내 이!"

　뚱보 아저씨는 입에 있던 호두를 얼른 뱉고는 이리 뛰고 저리 뛰었습니다. 땅에 떨어진 호두는 이 틈을 타서 과일들에게 다급하게 말했습니다.
　"얘들아, 너희들도 와서 도와 줘. 우리가 포도랑 바나나를 구해 주는 수밖에 없어!"
　이 소리를 들은 과일들은 뚱보 아저씨에게로 우르르 달려들었습니다. 그리고는 인정 사정 볼 것 없이 머리카락을 잡아당기고 팔다리를 꼬집었습니다.
　"아얏, 아야야!"
　뚱보 아저씨의 이는 부러지고, 몸은 멍투성이가 되었습니다. 과일들에게 호되게 당한 아저씨는 아픈 몸을 이끌고 간신히 집으로 돌아갔습니다.
　그 후 뚱보 아저씨는 과일들 근처에는 얼씬도 하지 않았답니다.

양팔 저울의 원리를 알아볼까요?

양팔 저울은 양쪽으로 같은 거리에 각각 접시가 놓여 있는 모양을 하고 있어요. 양팔 저울로 무게를 잴 때는 먼저 양팔 저울이 수평인지 확인해야 해요.

양팔 저울이 수평을 이루고 있으면 우선 왼쪽 접시에 물체를 올려놓지요. 그런 다음 오른쪽에 추를 하나씩 하나씩 올리는 거예요. 먼저 큰 추를 한 개씩 올리고, 나머지 무게를 작은 추로 맞추면 돼요. 이 때 추는 무게가 표시된 것을 써야 해요. 그래야만 정확한 무게를 알 수 있으니까요. 양팔 저울의 왼쪽, 오른쪽이 수평이 되고 나면 추의 무게를 더하는 거예요. 추를 모두 더한 무게가 바로 물체의 무게지요.

추의 종류에는 가벼운 것부터 무거운 것까지 여러 종류가 있어요. 물체의 무게를 정확하게 측정하기 위해서지요.

추의 무게에는 100밀리그램, 200밀리그램, 500밀리그램, 그리고 1그램, 2그램, 5그램, 10그램, 20그램, 50그램, 100그램 등이 있어요. 이와 같은 갖가지 추를 이용해 물체의 무게를 정확히 잴 수 있는 게 바로 양팔 저울이에요.

놀라운 상식 백과

솜 1킬로그램과 강철 1킬로그램

솜 1킬로그램과 강철 1킬로그램을 따로 정확하게 달아서 하나의 저울에 얹어 봅시다. 이 때 우리는 당연히 솜보다 강철이 무겁다고 생각하죠. 보통 '쇠는 무겁다'는 상식 때문일 거예요.

그러나 정확하게 솜과 강철의 무게가 1킬로그램씩이면 솜이 조금 더 무겁습니다. 그 이유는 물체의 베어 낸 면의 면적이 넓을수록 수직으로 작용하는 공기의 압력에 많이 노출되기 때문입니다.

그러므로 같은 무게라도 부피가 크면 무게도 더 나갑니다. 따라서 솜 1킬로그램의 부피가 강철 1킬로그램의 부피보다 크니까 솜이 강철보다 무거운 것입니다.

몸무게는 어느 계절에 가장 빨리 늘까요?

어릴 때는 해마다 키도 쑥쑥 자라고, 몸무게도 금방 늡니다. 몸무게는 10월부터 12월경에 많이 늡니다. 다시 말해 가을부터 겨울 동안 몸무게가 가장 빨리 느는 것입니다. 또한 키는 초등 학생이나 중학생의 경우, 1년 동안 약 5센티미터부터 8센티미터 정도 자라는데, 4월에서 6월경인 봄에 가장 빠른 속도로 자란답니다.

🍂 우리 생활과 액체

얼룩때를 잡아라!

"으아앙, 언니!"

깔끔쟁이 고양이 캐비가 울음을 터뜨렸습니다.

"캐비야, 왜 그러니?"

"언니, 내 엉덩이가 더러워졌어. 어쩌면 좋아?"

캐비가 엉덩이를 돌렸습니다. 캐비의 엉덩이에는 시커먼 얼룩이 잔뜩 묻어 있었습니다.

얼마나 깔끔을 떨어 대는지 먼지가 있으면 거실에도 앉지 않는 캐비이고 보면, 엉덩이에 얼룩이 묻었다는 것은 정말 큰일이었습니다.

"이건 기름인데, 어디서 이런 걸 묻혔어?"

"마당에 있는 자동차 밑에 들어갔다가 이렇게 됐어."

"이런, 조심하지 않고. 울지 말고 욕실로 가자. 언니가 깨끗하게 닦아 줄게."

캐비의 언니 캐디가 눈물을 닦아 주었습니다.

그 때 어디서 놀다 왔는지 온몸이 흙투성이가 된 삐삐가 거실로 들어왔습니다. 삐삐는 캐비와 반대로 흙이 묻건 물이 묻건 신경도 쓰지 않고, 언제나 털털하게 다니는 얼룩강아지입니다.

"어? 캐비 엉덩이가 까맣네!"

삐삐는 신기한 일이라도 벌어진 양 호들갑을 떨며 캐비의 엉덩이를 이리저리 살폈습니다.

"저리 가!"

캐비가 꼬리를 휘둘러 삐삐를 쫓았지만 삐삐는 캐비의 뒤를 빙글빙글 돌며 계속 놀려 댔습니다. 그러자 캐디가 눈꼬리를 치켜올리며 삐삐를 나무랐습니다.

"삐삐야, 그만 놀려. 캐비는 속이 상해서 지금까지 울었단 말이야."

"엉덩이에 얼룩이 조금 묻었다고 울다니, 정말이지 캐비는 못 말린다니까."

삐삐는 돌아서면서도 몇 마디를 덧붙였습니다.

"캐비야, 이리 와. 언니가 닦아 줄게."

캐디가 캐비를 데리고 욕실로 들어갔습니다.

욕실에 들어선 캐디는 샤워기 꼭지를 돌렸습니다. 그리고는 물이 콸콸 쏟아지는 샤워기를 얼룩이 묻은 캐비의 엉덩이에 댔습니다.

"앗, 차가워!"

차가운 물이 몸에 닿자 캐비는 깜짝 놀라 몸을 움츠렸습니다.

"조금만 참아. 얼룩이 금세 없어질 테니까."

캐디가 캐비의 몸을 잡고 엉덩이에 묻은 얼룩을 비비기 시작했습니다. 그런데 열심히 물을 뿌려 대던 캐디가 고개를 갸우뚱거리며 캐비의 엉덩이를 바라보았습니다.

"왜 그래, 언니?"

"이상해. 물로 아무리 닦아도 얼룩이 지워지질 않아."

"정말이야?"

캐비도 몸을 돌려 자신의 엉덩이를 살폈습니다. 그런데 캐디가 말한 대로 엉덩이의 얼룩은 조금도 지워지지 않았습니다. 오히려 시커먼 기름때가 더 번져서 흉해 보이기까지 했습니다.

"으앙~ 언니, 이 얼룩이 죽을 때까지 지워지지 않으면 어떡해?"

"조금 더 세게 닦으면 지워질 테니까 걱정 마!"

캐디는 물을 뿌리며 좀더 세게 닦았습니다. 그러나 얼룩은 지워지지 않았습니다. 너무 박박 문질렀는지 캐비는 엉덩이가 아프다고 하고, 얼룩은 문질러 댈수록 점점 커져만 갔습니다.

"그 얼룩은 물로 닦아선 안 돼."

어느 새 왔는지 삐삐가 캐디의 뒤에 서 있었습니다.

난감해하던 캐디는 삐삐가 또 놀리는 줄 알고 소리를 버럭 질렀습니다.

"너 또 캐비를 놀리려는 거지? 장난 좀 그만 해. 지금 캐비는 엄청 심각하단 말이야."

"쳇, 누가 장난을 친다고 그래? 난 캐비를 도와 주려고 그러는 건데."

"정말이니?"

"그럼, 캐비의 엉덩이에 묻은 건 기름이라고."

삐삐는 욕실로 들어서며 사뭇 진지한 얼굴로 말했습니다.

"그건 나도 알아. 하지만 그게 어쨌다는 거야?"

"누나, 기름도 액체고 물도 액체지?"

"그렇지. 물이나 기름이나 모두 액체지."

"그럼, 물과 기름은 잘 섞일까, 섞이지 않을까?"

갑작스런 질문에 캐디가 그 동안 액체에 대해 듣고 배운 모든 기억을 떠올리며 설명했습니다.

"잘 섞이지 않아. 액체라고 해서 다 똑같은 건 아니거든. 물, 기름, 알코올 등등 액체는 종류에 따라 서로 다른 특징을 가지고 있지. 물과 기름을 한 곳에 넣으면 무거운 물은 가라앉고, 가벼운 기름은 위로 떠오르

는데, 이건 물과 기름이 섞이지 않기 때문이라고."

두 눈을 말똥거리며 듣고 있던 삐삐가 샤워기를 들고는 캐비의 엉덩이에 물을 뿌렸습니다.

"맞아, 물과 기름은 섞이지 않아. 그래서 캐비의 엉덩이에 묻어 있는 기름때가 아무리 물로 닦아 내도 그대로 있는 거야."

삐삐가 자신 있게 설명을 했지만 캐비는 이해가 되지 않는지 고개를 갸우뚱거렸습니다.

"물과 기름이 섞이지 않으니까 물을 뿌리면 기름이 떨어져 나가야 하는 거 아니야?"

"천만에. 기름은 네 엉덩이 털에 달라붙어 있는 상태이기 때문에 잘 섞이지 않는 물을 만나면 지워지지 않는 거야."

"그럼 어떻게 해야 얼룩이 지워지지?"

캐비는 조금 전보다 훨씬 다소곳한 태도로 물었습니다.

"기름으로 빼야지."

"뭐? 기름으로 기름때를 뺀단 말이야?"

"그래. 기름과 기름은 잘 섞이니까 네 엉덩이에 묻은 기름때도 자기랑 잘 섞이는 다른 기름을 만나면 꼭 잡

고 있던 네 엉덩이 털에서 떨어지게 될 거라고."

삐삐가 열심히 설명을 했지만 캐비는 못 믿겠다는 듯 삐삐의 얼굴을 빤히 쳐다보았습니다. 그러자 삐삐는 머리를 긁적이며 장난기 어린 미소를 지어 보였습니다.

"헤헤, 그렇다고 더러운 기름을 부어 버리면 얼룩이 사라지기는커녕 더 더러워질 거야. 대신 비누를 쓰면 모든 문제가 해결되지."

"비누?"

"그래. 비누는 기름으로 만들거든."

캐디는 삐삐의 말대로 비누를 엉덩이에 묻혀 쓱쓱 문

지른 뒤 물을 뿌렸습니다.

"히야, 얼룩이 사라졌어! 삐삐야, 고마워!"

"삐삐 정말 대단한걸. 이런 놀라운 사실을 어떻게 알았어?"

캐비와 캐디가 번갈아 가며 삐삐에게 칭찬을 했습니다. 그러자 우쭐해진 삐삐가 자랑스럽게 말했습니다.

"그건 수많은 실험을 통해 깨달은 거지."

그 때였습니다. 거실 문이 열리더니 화가 머리끝까지 난 주인 아주머니가 들어왔습니다.

"삐삐! 마당에 널어 놓은 빨래를 엉망으로 만든 게 바로 너지? 이 녀석 혼 좀 나 볼래!"

"헤헤, 전 그냥 아주머니가 말씀하신 게 사실인지 확인해 본 것뿐인데요."

삐삐는 우당탕탕 도망치면서 말했습니다.

"쯧쯧쯧, 그럼 그렇지. 아주머니가 가르쳐 주었으니까 기름때는 비누로 빨아야 한다는 사실을 알았겠지."

캐비와 캐디가 말썽쟁이 삐삐의 뒷모습을 보면서 수군거렸습니다.

궁금증 해결

액체는 어떤 성질을 가지고 있을까요?

액체는 물이나 기름과 같이 자유롭게 움직입니다.

또한 모양이 일정하지 않아서 그릇에 넣으면 그 그릇의 모양대로 모습이 변하지요.

액체는 물이나 기름처럼 하나의 물질을 가리키는 것이 아니에요. 어떤 물질의 상태, 즉 물이라는 물질이 어떤 모습으로 있는지를 나타내는 것이지요. 물을 고체 상태일 때는 얼음, 액체 상태일 때는 물, 기체 상태일 때는 수증기라고 하듯이 다른 물질들도 조건에 따라 고체일 때도 있고, 액체일 때도 있고, 기체일 때도 있거든요.

액체는 일정한 모습을 가지고 있지 않다는 특성 외에도 압축해도 부피가 거의 변하지 않고, 다른 물질을 잘 녹이는 성질 등도 가지고 있어요.

또 액체에는 표면 장력이나 모세관 현상이 일어납니다.

예를 들면 물이 종이나 헝겊의 섬유에 저절로 스며들거나 녹은 양초가 심지를 따라 올라가는 모습을 볼 수 있지요. 이 현상들은 액체 상태에서는 분자들이 서로를 끌어당겨 가장 작은 부피를 유지하려 하기 때문입니다.

놀라운 상식 백과

액체의 무게

똑같은 부피의 그릇에 여러 가지 액체를 넣고 무게를 재면 저울의 눈금은 서로 다른 숫자를 가리킵니다. 이는 액체의 질량이 다르다는 것을 알려 주는 좋은 본보기이지요.

1㎤당 액체의 무게를 살펴보면 가장 무거운 물질은 수은이에요. 물이 1g인 데 비해 수은은 13.60g으로 엄청난 무게를 자랑하지요. 물보다 가벼운 물질은 0.7g인 휘발유, 약 0.9g인 식용유 등이 있습니다. 그래서 휘발유나 식용유 등은 물에 뜨는 것입니다.

원유는 어떻게 분류하나요?

우리 실생활에서 없어서는 안 될 휘발유, 경유 같은 석유 제품은 처음에는 여러 물질이 섞여 있는 원유 상태입니다. 이 원유를 커다란 통에 넣고 열을 가하면 여러 가지 물질로 분류가 되는데 이것은 액체가 서로 다른 끓는 점을 가지고 있기 때문입니다.

끓는 점이란 액체가 기체로 변하는 온도를 가리키지요.

끓는 점은 액체가 가진 중요한 성질의 하나입니다.

🍂 전구에 불켜기

꼬마 전구의 소원

꼬마 전구는 어깨를 축 늘어뜨리고 힘없이 앉아 있었습니다.

"왜 그렇게 기운이 없니?"

"말 시키지 마."

꼬마 전구는 형광등의 친절에도 괜히 심술이 나 툴툴거립니다.

'내가 이렇게 쓸모 없는 존재라니······.'

꼬마 전구는 형광등을 올려다봅니다. 형광등을 보고 있으면 부럽기도 하고 화가 나기도 합니다. 형광등은 매일 밤이면 환한 빛을 발하니까요.

꼬마 전구는 지금까지 단 한 번도 빛을 내 보지 못했

습니다.
― 넌 혼자서는 빛을 낼 수가 없단다.―
그런 말을 들은 이후론 그냥 하루를 넋 놓고 보내는 것이 전부였습니다.
"난 누가 내 소원을 물어 보면, 첫째도 빛을 내 보는 것이요, 둘째도 빛을 내 보는 것이요, 셋째도 빛을 내 보는 것이라고 말할 거야."
꼬마 전구는 이렇게 중얼거렸습니다.

"아얏!"

이 때, 갑자기 형광등의 목소리가 들리면서 주위가 어둠에 묻혀 버렸습니다.

"어, 갑자기 왜 이래?"

꼬마 전구가 묻자 형광등이 대답했습니다.

"전기가 나갔나 봐. 갑자기 끊겨 버려서 나도 놀랐지 뭐야."

"그럼 너도 네 힘으로 빛을 내는 게 아니었니?"

"그럼. 처음엔 발전소, 그리고 몇 차에 걸친 변전소, 다시 변압기를 거쳐 나에게까지 전기가 오는 거라고."

꼬마 전구는 좀 얼떨떨했습니다.

'난 그것도 모르고……'

이 때 꼬마 전구가 있는 방으로 촛불을 든 아이들이 들어오는 소리가 들렸습니다.

"우리 여기서 실험해 보자."

"어두울 때 해 봐야 진짜 실험이지."

꼬마 전구는 한 아이의 손에 들려졌죠.

'날 어쩌려는 거지?'

꼬마 전구는 형광등에게 눈짓을 보냈습니다.

'글쎄, 나도 모르겠는걸.'

　형광등도 걱정스런 표정을 지어 보였습니다.
　두 아이는 건전지에 전선을 연결하고 한쪽 전선에는 스위치를 끼웠습니다. 그런 다음에는 꼬마 전구에 양쪽 전선을 이었습니다.
　"야, 이제 다 됐다. 그럼 스위치를 누르기 전에 촛불을 꺼."
　'후' 하는 소리와 함께 방 안은 다시 굴 속같이 되었습니다.
　"자, 누른다. 얍!"
　아이의 음성과 동시에 '반짝' 꼬마 전구가 빛을 냈습니다.
　'아니, 내 몸에서 빛이 나오다니!'
　꼬마 전구는 너무나 놀랍고 기뻐서 무슨 말을 해야 할지 몰랐습니다.
　"와, 성공이다. 성공!"
　"쪼끄만 녀석이 꽤 환한걸."
　"그런데 신기하다. 어떻게 전기가 나갔는데 꼬마 전구엔 불이 들어오지?"
　"그거야, 건전지 안에 +극과 －극 전류가 다 흐르고 있기 때문이지."

"앞으론 전기가 나갔을 때 이 꼬마 전구를 사용하자."

이 때 마침 전기가 들어와 형광등이 다시 빛을 냈습니다. 아이들은 방을 나가고 꼬마 전구는 원래대로 빛을 잃어버렸지요.

하지만 꼬마 전구는 더 이상 슬프지 않았습니다. 짧은 순간이었지만 자신도 빛을 낼 수 있다는 사실을 알았으니까요.

"야, 나도 정말 놀랐어. 네가 그런 예쁘고 화사한 빛을 낼 줄은 몰랐거든. 더군다나 아무도 빛을 주고 있지 못한데 넌 혼자 환하게 빛났잖아. 참 장하다, 꼬마 전구야."

형광등도 꼬마 전구를 추어올려 주었습니다.

'그래, 나도 빛을 낼 수 있는 가치 있는 존재야. 이젠 찌푸리지 말고 자신 있게 살아야지.'

소원을 이룬 꼬마 전구는 처음으로 밝은 웃음을 지었답니다.

궁금증 해결

전기는 어떻게 우리 집에까지 오는 것일까요?

전구에 불이 들어오는 것은 전기 에너지가 빛 에너지로 바뀌었다는 뜻입니다. 그런데 그 과정이 간단하고 쉬운 것은 아닙니다.

우선 발전소에서 전기를 생산합니다. 이 때의 전압은 27만 5,000V입니다. 초고압 변전소에서 전압을 15만 4,000V까지 낮춰 줍니다. 1차 변전소로 보내진 전기는 6만 6,000~15만 4,000V까지 낮춰집니다. 여기서 중간 변전소로 보내진 전기는 다시 3,300~6만 6,000V까지 낮춰지고, 주상 변압기(전신주)에서 110~220V까지 낮춰진 전기가 공장이나 가정으로 보내지는 것입니다.

일반 가정에서는 110V와 220V의 전압을 가진 전류가 흐르는데 가전 제품을 쓸 때 이 전압을 잘 확인하고 사용해야 합니다.

전기 에너지는 우리에게 빛을 줄 뿐 아니라 우리 생활에 필요한 각종 에너지로 바꾸어 사용할 수가 있습니다. 전등은 빛 에너지로, 선풍기는 바람 에너지로, 전기 난로와 다리미는 열 에너지로, 라디오와 전화는 소리 에너지로 바뀌어 사용되는 것입니다.

놀라운 상식 백과

건전지를 따로 버려야 하는 까닭은?

우리가 많이 쓰는 건전지에는 수은이라는 물질이 들어 있어요. 특히, 유기 수은은 몸에 흡수되면 신경계에 장애를 일으켜 매우 위험하답니다. 또 땅을 오염시키기도 하고요. 그래서 건전지를 따로 버려야 하는 것이랍니다.

각지에서 모인 건전지는 건전지 처리장으로 모입니다. 이 곳에서 우선 망간 건전지, 알칼리 건전지 등 종류에 따라 나눠집니다. 그런 다음 각각 소각장에서 태워 버립니다.

다 탄 건전지는 쇠, 수은, 아연 등으로 분류되어 다시 건전지의 원료로 사용됩니다.

태양 에너지의 이용

태양 에너지는 다른 에너지에 비하면 환경 오염도 없고, 그 양이 거의 무한하므로 개발이 추진되고 있습니다. 태양 에너지가 사용된 예를 보면 태양열을 이용하여 난방을 하는 태양열 주택, 태양의 빛 에너지를 전기 에너지로 바꾼 솔라 전자 계산기가 있으며, 그 외에도 등대불 모터 등의 동력으로도 태양열이 이용됩니다.

🍓 전구에 불켜기

전기 나라 릴레이 경주

오늘은 전기 나라의 축제날입니다. 이 축제는 매년 열리는데, 그 중에서도 사람들이 제일 좋아하는 것은 릴레이 경주입니다. 이 릴레이는 각 선수들이 결승 지점까지 달려가 전지와 전선을 온몸으로 이어서 꼬마 전구를 먼저 켜는 팀이 우승하는 경기입니다.

경기장 안은 각 팀을 응원하는 함성으로 가득했습니다. 드디어 출전 선수들이 입장했습니다.

먼저 학용품 팀의 연필, 지우개, 자 선수가 입장했습니다. 관중석에 있던 필통, 크레파스, 풀 등의 응원이 시작되었죠.

"워우~ 워우~. 학용품 팀 화이팅!"

　두 번째로 요리 팀의 숟가락, 포크, 과일칼이 입장했습니다. 이번에도 관중석에서 프라이팬, 냄비, 컵 등의 응원 소리가 쩌렁쩌렁 울렸습니다.
　"요리 팀, 요리 팀, 야야야!"
　마지막으로 장난감 팀이 익살스럽게 입장을 했습니다. 플라스틱 자동차가 부릉부릉 요란한 소리를 냈습니다. 고무공은 통통 튀어 나왔으며, 나무 방망이는 폴짝 재주를 넘으며 입장했습니다. 역시 장난감 응원단의 격려와 박수가 끊이질 않았습니다.
　"승리는 우리 것, 힘내라, 장난감 팀!"
　세 팀의 선수들이 입장을 마치자 호루라기 심판이 경기 시작을 알렸습니다.
　'호로로!'
　시작을 알리는 소리와 함께 각 팀의 선수들은 있는 힘껏 달려나갔습니다.
　'부릉부릉 통통통!'
　장난감 팀은 제일 먼저 전지와 꼬마 전구가 있는 결승 지점으로 달려갔습니다. 그리고 서로의 손을 꼭 잡았습니다. 그런데 아무리 손을 맞잡아도 전지에 연결된 꼬마 전구에는 불이 들어오질 않았습니다. 그러자 모두 당황

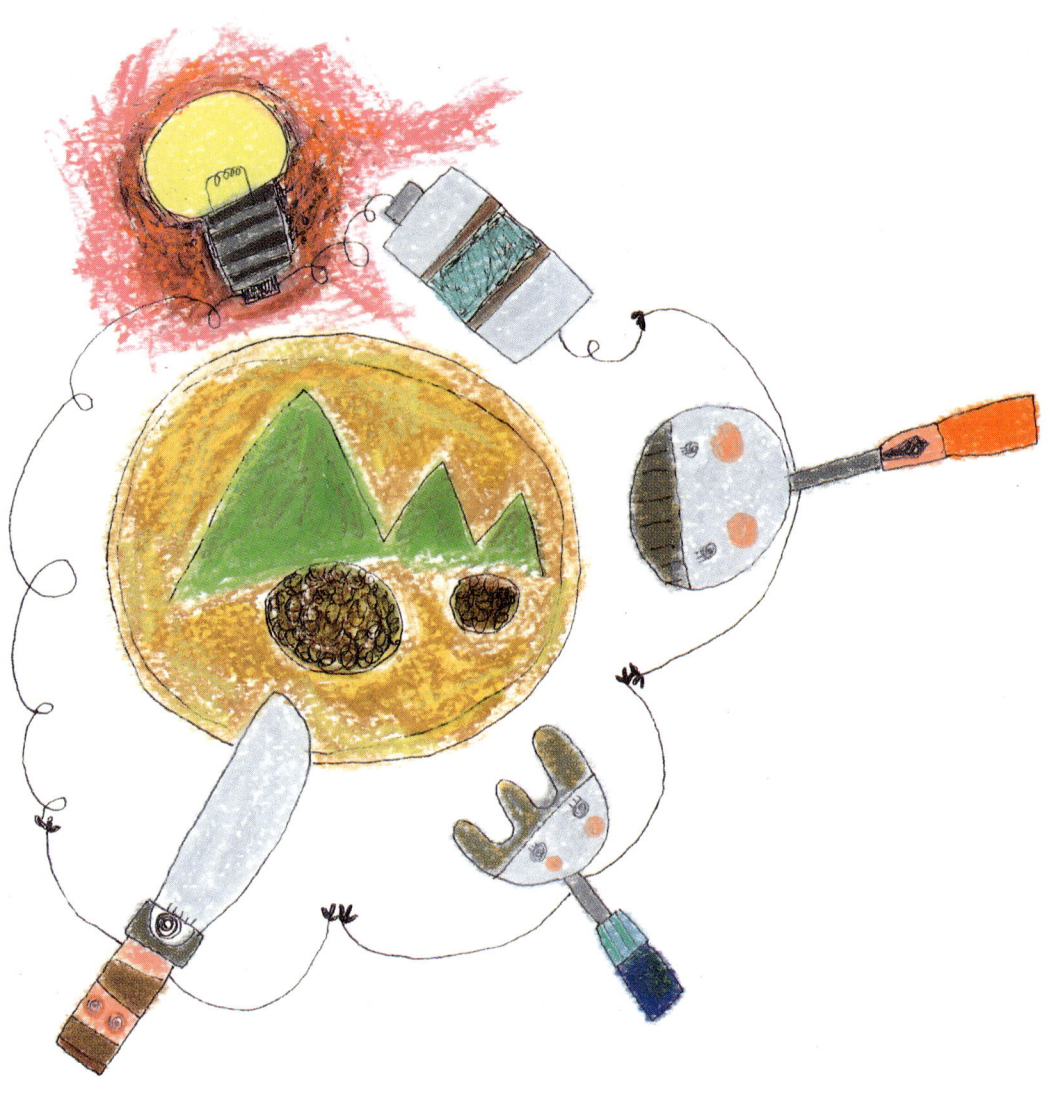

스런 표정을 지었습니다.

"왜 불이 안 들어오는 거지?"

플라스틱 자동차가 안절부절못하고 부르릉거려 보았습니다. 그러나 역시 소용 없었습니다.

"자동차야, 가만히 좀 있어 봐. 혹시 누가 전선을 놓

고 있는 게 아닌지 각자 확인해 보자."

고무공이 통통 튀며 이리저리 살폈습니다. 나무 방망이 역시 무엇이 잘못되었는가를 확인해 보았습니다. 이때 바로 뒤따라온 학용품 팀과 요리 팀이 꼬마 전구에 불을 켜기 위해 서로의 힘을 합쳤습니다.

그런데 필통과 크레파스, 풀이 손을 잡고 연결한 꼬마 전구에도 불은 들어오지 않았습니다. 학용품 팀 역시 당황했습니다. 요리 팀은 차분하게 전지와 꼬마 전구를 연결하는 전선을 살핀 후 서로의 손을 잡았습니다. 그러자 꼬마 전구에 반짝반짝 불이 들어왔습니다.

"와~, 요리 팀, 요리 팀. 야야야!"

갑자기 관중석에서 환호성이 들려 왔습니다.

"포크야, 우리 쪽의 꼬마 전구에 불이 들어왔어."

숟가락이 포크의 손을 꼭 쥐고 말했습니다.

"정말이네?"

포크는 기뻐서 어쩔 줄 몰랐습니다. 최선을 다한 과일 칼도 마찬가지였습니다. 요리 팀 응원단은 자리에서 모두 일어나 어깨동무를 했습니다.

"이겼다 또 이겼다~."

응원 노래는 끊임없이 이어졌습니다. 곧이어 시상식

이 진행되었습니다. 호루라기 심판은 요리 팀의 각 선수들에게 메달을 걸어 주었습니다. 그러자 옆에 있던 장난감 팀과 학용품 팀이 툴툴거리기 시작했습니다.

"치! 우리가 제일 먼저 달려가서 손을 잡았는데!"

"우리도 손을 놓지 않고 있었는데 왜 전지에 불이 켜지지 않은 거지?"

이 말을 들은 호루라기 심판이 빙그레 웃었습니다.

"물론 장난감 팀과 학용품 팀도 최선을 다했지. 하지만 무엇 때문에 우승을 못 했을까?"

호루라기 심판이 질문을 하자, 각 팀 선수들은 모르겠다는 표정으로 서로를 쳐다보았습니다.

"그건 바로 전기가 통하는 물질과 그렇지 않은 물질의 차이 때문이야. 자, 먼저 장난감 팀을 한번 볼까? 플라스틱에 전기가 통할까? 물론 안 통하지. 그러면 고무에는 전기가 통할까? 그것도 물론 안 통하지. 나무에는? 안 통하지! 이러니 제일 먼저 달려가 보았자 아무 소용이 없었던 거야."

호루라기 심판의 설명을 들은 장난감 팀은 한숨을 푹푹 내쉬었습니다.

"자, 학용품 팀 역시 마찬가지니까. 더 이상의 설명은

필요 없겠지?"

"그럼 요리 팀은 전기가 잘 통해서 꼬마 전구에 불이 들어왔다는 말씀이신가요?"

학용품 팀에 있는 지우개 선수가 물어 보았습니다.

"그렇지. 요리 팀의 선수들은 모두 금속으로 되어 있지? 이처럼 금속 성질을 띤 철이나 구리, 알루미늄 등은 전기가 무척 잘 통한단다. 이 밖에 물도 전기가 잘 통하니까 평소에 조심해야 해. 물 묻은 손으로 전기를 만지면 감전될 수도 있으니까 말이야."

호루라기 심판의 말을 다 듣고 난 선수들은 그제서야 고개를 끄덕였습니다. 마지막으로 호루라기 심판은 요리 팀 선수들에게 상품도 전달했습니다. 상품은 바로 전기 프라이팬이었습니다. 그 날 요리 팀은 모두 모여서 맛있는 음식을 해 먹었습니다.

나는 전기랑 친구

전지와 전구를 이어서 회로 검사기를 만든 후 여러 가지 물체를 이어 봅시다. 클립이나 가위, 압정, 못 등은 전구에 불이 들어올 거예요. 그러나 고무줄, 유리, 비닐, 나무 토막 등은 전구에 불이 들어오지 않을 거예요. 이와 같이 전기가 잘 통하는 물체를 도체라고 해요. 주로 금속으로 되어 있는 물체들이지요.

반면 전기가 잘 통하지 않는 물체는 부도체라고 해요. 주로 금속이 아닌 물체들이 부도체에 속해요. 그래서 금속 물체는 전기랑 친구가 될 수 있는 거예요.

그런데 연필을 전지에 연결하면 전구에 불이 들어올까요? 아마 연필심의 끝과 끝을 연결하면 불이 들어오지 않을 거예요. 하지만 연필을 짧게 해서 연결하면 불이 희미하게 켜질 거예요. 연필심은 흑연으로 이루어졌는데, 이 흑연은 전기가 통하는 물질이거든요.

그럼 우리 몸에도 전기가 통할까요? 실제로 회로 검사기에 손을 대 보면 불이 켜지지 않아요. 그러나 가정에서 쓰는 센 전기 제품에서는 전기가 통할 수도 있어요. 그러니까 각별히 조심하세요. 특히, 물기 있는 손으로는 되도록 전기 제품을 만지지 않도록 주의하세요.

놀라운 상식 백과

만지면 감전되는 고기가 있다고요?

전기메기는 민물고기로 몸 길이가 20cm입니다. 빛깔은 다갈색이고, 피부와 근육 사이에 막이 있습니다. 전기를 내는 발전기는 몸의 축에 직각으로 위치하는데, 여러 개가 불규칙하게 있습니다. 전기메기는 먹이를 잡거나 자신을 보호할 때 고압의 전기를 냅니다. 최대 전압은 400~450볼트에 달하고 반복해서 전기를 낼 수 있습니다. 머리 쪽은 음극이고 꼬리 쪽은 양극이어서, 전기는 머리 쪽이 훨씬 강합니다.

라디오나 TV는 어떻게 나오는 걸까요?

공기로 전달되는 전기 에너지가 바로 전파입니다. 전파의 발견으로 무선 통신과 방송의 역사가 시작되었습니다.

뉴스, 드라마 등은 전파가 소리나 영상을 실어나르는 것입니다. 소리가 방송되는 것은 방송국 마이크가 소리의 진동을 전기 신호로 바꾸어 주기 때문입니다. 전기 신호로 바뀐 소리를 전파에 실어 방송하면, 텔레비전이나 라디오의 안테나가 이를 수신하는 것입니다.

건전지 속에 어떻게 전기를 넣었을까요?

비실이네 장난감 자동차가 또 말썽이네요. 조금 움직이다 말고 털털거리니 말이에요.

비실이는 건전지를 들고 아버지에게 달려갔어요.

"건전지가 다 떨어졌어요. 새 것 사게 돈 좀 주세요."

신문을 읽던 아버지는 시큰둥하게 말했어요.

"건전지 살 돈 없으니까 충전해서 쓰거라."

아버지 말을 듣고 난 비실이가 시무룩하게 있자, 장난감 자동차가 다가와 말했어요.

"번개도 전기니까 번개로 충전하는 게 어때요?"

이 말을 들은 비실이가 후닥닥 뛰어나가자 아빠는 비실이를 말리러 따라서 뛰었어요.

사실 번개로는 건전지를 충전할 수 없어요. 건전지에 들어가는 전기와 번개의 전기는 다르기 때문이죠.

먼저 건전지에는 양극과 음극이라는 전극과 약품을 녹인 액체인 전해액이 들어 있어요. 전지의 오목한 음극은 아연판으로 만들어졌고, 볼록한 양극은 탄소 막대로 만들어졌어요. 양전기와 음전기가 전해액을 따라 일정한 방향으로 흐르면서 전기를 만드는 거예요. 번개는 양전기를 띤 구름과 음전기를 띤 구름이 부딪쳐서 번쩍이는 현상이니까 번개 자체가 전기인 것은 아니죠.

● 전구에 불켜기

전기의 여행

 수력 발전소 마을에 호기심 많은 쌍둥이 전기가 살았어요. 이 마을에는 하천이 있는데 그 곳을 가로질러 높은 댐이 있었어요. 쌍둥이는 이 댐에서 뛰어내리며 노는 것을 좋아했어요. 오늘도 둘은 댐에서 놀고 있었어요. 그런데 갑자기 어디론가 떠나고 싶은 생각이 들었어요. 그래서 댐 위에서 뛰어내려 발전소로 갔어요. 발전소를 지키는 발전기 아저씨가 쌍둥이를 보더니 말했어요.
 "너희들 참 귀엽게 생겼구나. 그런데 이름이 뭐니?"
 "저희들은 이름이 없어요."
 그러자 발전기 아저씨가 쌍둥이에게 이름을 지어 주었어요.

그래서 쌍둥이는 양전기, 음전기라는 이름을 갖게 되었답니다. 양전기, 음전기 쌍둥이의 호기심은 여기서 그치질 않았어요. 바깥 세상은 어떤지 여행을 떠나기로 결심했지요. 제일 먼저 가 본 곳은 변전소였어요. 그런데 변전소를 지키는 개똥벌레 아저씨가 쌍둥이를 보더니 대뜸 아는 체를 했어요.

"너희들 발전소에서 온 쌍둥이구나?"

"어? 아저씨가 그걸 어떻게 아셨어요?"

쌍둥이가 신기해하며 물어 보았습니다.

"이 아저씨는 이 곳에서 일한 지가 오래 돼서 너희 몸에 있는 전압의 세기를 보면 단번에 알 수가 있단다."

"저희 몸의 전압이 얼마나 되는데요?"

쌍둥이 전기는 호기심에 차서 물었어요.

"15만 볼트지. 그 상태로는 전압이 너무 높아 세상 어디도 갈 수 없어."

"저희가 어떻게 하면 세상 여행을 할 수 있을까요?"

양전기와 음전기는 갑자기 속이 상했어요. 이 모습을 본 개똥벌레 아저씨가 껄껄 웃으며 대답했어요.

"너무 걱정하지 말아라. 내게 좋은 방법이 있으니까. 여기 변전소에 있는 놀이 기구를 차례대로 타면 전압

이 적당하게 낮아질 거야. 그 때 세상 여행을 가려무나."

개똥벌레 아저씨의 설명을 들은 양전기, 음전기 쌍둥이는 기뻐서 어쩔 줄 몰랐어요.

"우리 몸의 전압도 낮아지고, 재미있는 놀이 기구도 탈 수 있으니 얼마나 좋아?"

"맞아, 어서 놀이 기구를 타러 가자."

쌍둥이는 개똥벌레 아저씨의 안내를 받아 고압 변전소에 있는 1차 놀이 기구에 올랐어요. 위잉 소리와 함께 몸이 빙글빙글 돌더니 쌍둥이 몸의 전압이 6만 6천 볼트로 낮아졌어요. 이번에는 쓩쓩 소리가 나는 2차 놀이 기구를 탔지요. 그랬더니 쌍둥이 몸의 전압이 2만 2천 볼트가 되었답니다. 이제 마지막으로 배전 놀이 기구라는 것을 타니까 쌍둥이들의 몸이 둥둥 뜨면서 전압이 3,300볼트로 낮아졌어요.

"이제 다 탔구나. 너희 몸의 전압이 낮아졌으니 세상 구경을 해도 되겠다. 여기서 나가면 주상 변압기 마을이 나올 거야. 거기 가서 너희들의 전압을 알맞게 만든 다음, 공장이나 가정집으로 가려무나. 그 마을 사람들도 너희들이 가면 기쁘게 맞아 줄 거야."

 개똥벌레 아저씨는 흐뭇하게 웃었어요. 양전기와 음전기는 개똥벌레 아저씨에게 인사를 하고 변전소를 나섰어요. 아저씨가 일러 준 대로 주상 변압기 마을로 갔지요. 정말로 그 곳은 인심이 후했어요. 쌍둥이 전기는 100볼트와 220볼트의 전압으로 예쁘게 단장을 했어요. 그리고 둘은 전선을 따라 걷고 또 걸었어요. 얼마쯤 가다 보니까 갈림길이 나왔어요. 거기에는 공장 방향과 가정 방향, 야구장 방향 등 여러 갈래의 이정표가 붙어 있

었어요. 둘은 고민을 했어요.

"어느 곳으로 갈까?"

쌍둥이 전기는 고민에 빠졌어요.

"아무래도 한 가족이 오순도순 살고 있는 가정 집이 좋지 않을까? 우리 그 곳으로 가 보자."

"그래, 가정 집에 가 봐서 맘에 안 들면 딴 곳으로 떠나도 되잖아!"

둘은 결정을 내렸어요. 그런데 안으로 들어가는 선은

두 개로 나뉘어 있었어요. 쌍둥이 전기는 하는 수 없이 작별을 했지요.

"우리 들어가서 만나자."

둘은 각자 전선을 따라 가정 집으로 갔어요. 집에 도착하자 두꺼비 아저씨가 계량기 앞에 딱 버티고 서 있는 거예요. 양전기와 음전기는 두꺼비 아저씨에게 인사를 했어요.

"어디, 너희들 전압이 이 집에 맞는지 검사해 보자."

두꺼비 아저씨는 쌍둥이들의 몸을 구석구석 살펴보았어요. 그러더니 흐뭇한 웃음을 지으며 말씀하셨어요.

"으음. 딱 좋구나. 어서 들어가 보렴. 하지만 너무 시끄럽게 굴면 이 아저씨한테 혼날 줄 알아!"

쌍둥이 전기는 얼른 집 안으로 들어갔어요.

"우아, 여긴 구경할 곳이 너무 많은 것 같아!"

양전기가 좋아서 소리쳤어요.

"쉿! 두꺼비 아저씨가 얌전히 있으라고 그러셨잖아."

음전기는 집게손가락을 입술에 대고 양전기에게 눈치를 주었어요. 그리고 조심스럽게 말했어요.

"정말로 좋은 곳인지 차근차근 둘러보자."

음전기와 양전기는 살금살금 이곳 저곳을 둘러보았어

요. 텔레비전에 연결된 전선에도 들어가 보고, 아이들 공부방에 켜진 형광등의 전선에도 들어가 봤어요. 그런 다음 부엌 쪽 밥통에 연결된 전선을 따라가 보았어요. 그 곳은 정말 아늑했어요. 그 동안 둘러보았던 어느 곳보다도 편안한 느낌이 들었던 거예요.

"나는 여기가 너무 좋아. 우리 이제 여행은 그만 하고 여기서 오랫동안 머물자."

양전기가 음전기에게 졸랐어요.

"그래. 사람들이 먹는 밥을 해 주는 밥통이니까 우리도 일을 하면서 보람을 느낄 수 있을 거야."

음전기도 양전기와 같은 생각이었어요.

그 날부터 쌍둥이 전기는 사람들이 식사할 수 있도록 열심히 일했어요. 양전기와 음전기의 긴 여행은 여기서 끝난 거예요. 둘은 전기 밥통에 연결된 전선 안에서 오래오래 사이좋게 잘 살았대요.

궁금증 해결

열이 되는 전기

전기 밥솥으로 밥을 할 때 콘센트에 플러그만 꽂으면 맛있는 밥이 되지요. 전기 밥솥은 과연 어떻게 만들어졌기에, 전기를 흐르게 하면 우리에게 맛 좋은 밥을 먹도록 해 주는 걸까요?

비밀은 전기 밥솥 밑바닥에 있는 전열선에 있어요. 전기가 콘센트를 지나 플러그에 닿으면 곧바로 전열선에 닿거든요.

전열선은 말 그대로 열을 내는 선이에요. 이 선이 전기와 만나서 활활 타는 불 역할을 해 내는 것이지요. 전기가 흐르면 전열선이 뜨거워지면서 열을 냅니다. 이 열이 밥통에 고르게 전달되어 쌀을 익히고, 쌀은 익어서 밥이 되는 거예요.

그럼 전기 난로는 어떻게 만들어졌기에 전기를 흐르게 하면 금세 따뜻해지는 걸까요?

사실 이것도 간단해요. 전기 난로에 플러그를 꽂으면 나란히 박혀 있는 유리관이 빨갛게 달아올라 열을 내지요. 그러면 유리관 안에 있는 꼬불꼬불한 전열선이 전기를 받아 뜨거워져요.

이와 같이 전기 난로의 뜨거운 기운 때문에 우리는 겨울을 따뜻하게 날 수 있는 것이랍니다.

놀라운 상식 백과

전기 플러그에 돼지코가 있어요

 전기 기구는 콘센트에 플러그를 꽂아 사용합니다. 전기 플러그 양쪽 쇠 끝에는 약 3밀리미터 정도의 구멍이 뚫려 있습니다.
 그리고 콘센트 속에는 약간 불룩한 부분이 있는데, 이것은 돼지코 같은 플러그의 두 구멍에 꼭 맞게 되어 있습니다.
 그래서 플러그는 제멋대로 콘센트에서 빠지지 않으며, 전기를 안전하게 전해 주는 것입니다.

전기 위를 걷는 용감한 참새

 전깃줄에 앉은 참새는 왜 감전되지 않는 걸까요?
 그 이유는 전선에 들어 있는 전기의 성질 때문입니다. 전선은 플러스 전류가 흐르는 줄과 마이너스 전류가 흐르는 줄로 나뉩니다. 플러스와 마이너스 성질의 전기가 서로 연결되어서 우리가 전기를 사용할 수 있게 되는 것입니다.
 참새들은 이 두 개의 전선 중에 한쪽에만 앉아 있기 때문에 감전되지 않는 것입니다. 사람이나 동물이 전깃줄을 건드려서 감전이 되는 것은 이 두 개의 전선을 모두 건드렸기 때문입니다.

🍓 강낭콩

궁금이 공주와 콩콩이 강낭콩

 해님 나라에 궁금이 공주가 살았습니다. 공주는 늘 햇살 마술봉을 가지고 다녔습니다. 무엇이든 신기하고 궁금한 공주는 세상에 내려가는 것을 좋아했습니다. 매일 아침 일찍 일어나 세상에 내려가 마술봉으로 햇살을 뿌리며 놀았습니다.
 "오늘은 햇살가루로 세상을 따뜻하게 해 주어야겠다."
 궁금이 공주는 뾰로롱 햇살을 뿌렸습니다. 그러자 세상에 있는 나무, 새, 시냇물들이 좋아했습니다.
 어느 날 공주는 사뿐사뿐 들판을 산책하고 있었습니다. 그런데 밭두렁 쪽에서 울음소리가 들렸습니다. 무슨 일인지 궁금해진 공주는 밭두렁으로 가 보았습니다.

"어머, 배꼽이 크고 동그란 게 참 귀엽게 생겼네. 그런데 왜 혼자서 울고 있니?"
"저는 콩콩이 강낭콩이에요. 저희 엄마가 콩깍지에서 저를 밀어 버렸어요."
사실은 엄마강낭콩이 콩콩이를 어른으로 만들려고 밭두렁으로 보낸 건데, 콩콩이는 그걸 몰랐어요.
"너의 엄마도 너무 하셨다. 그럼 이제부터 우리 집으로 가서 같이 살자."

　궁금이 공주는 콩콩이가 너무 귀여워 해님 나라로 데리고 갔습니다. 그런데 어쩌면 좋아요. 며칠이 지나니까 콩콩이가 시름시름 앓기 시작했습니다.
　걱정이 된 공주는 마술봉으로 열심히 햇살을 뿌려 주었습니다. 하지만 콩콩이는 점점 야위어만 갔습니다.
　"공주님, 엄마가 보고 싶어요. 으아앙~."
　하는 수 없이 궁금이 공주는 콩콩이를 데리고 엄마가 있는 밭두렁을 찾아갔습니다. 그러나 엄마강낭콩의 모습은 보이질 않았습니다.
　"어찌 된 일이지?"
　"엄마가 나를 버리고 다른 데로 간 게 틀림없어요."
　실망한 콩콩이는 다리에 힘이 빠지는 것 같았습니다.
　"얘, 콩콩아!"
　"어? 누가 콩콩이를 부르는 거지?"
　"공주님도 들었어요?"
　콩콩이와 궁금이 공주는 두리번두리번 주위를 살폈습니다.
　"콩콩아, 여기야."
　소리가 나는 쪽을 보니 엷은 녹색의 떡잎 옷을 입은 새싹들이 보였습니다.

"너, 콩콩이를 아니?"
"그럼요. 저는 콩콩이 형이에요."
"우리 형은 그렇게 생기지 않았는걸. 나랑 똑같이 생겼단 말이야."
콩콩이가 입을 삐죽거리며 말했습니다. 공주는 모든 게 궁금해지기 시작했습니다.
"그렇다면 엄마는 어딜 가고 너희들만 있는 거니?"

"아아, 원래 강낭콩은 자식들을 밭으로 보내고 나면 수명이 다해 시들어 버려요."
"그럼, 엄마가 돌아가셨단 말이야?"
콩콩이가 놀란 얼굴로 물었습니다.
"맞아. 엄마는 돌아가시면서도 네 걱정뿐이셨어. 어딜 가서든 흙 이불을 덮고, 햇빛과 물을 잘 먹으며 튼튼하게 살아 주길 바라셨지."
"뭐야? 흙 이불을 덮고 물을 먹어야 한다고?"
그제서야 궁금이 공주는 콩콩이가 바싹 말라 가는 이유를 알게 되었습니다. 걱정이 된 공주는 얼른 콩콩이의 배꼽을 흙으로 덮어 주었습니다. 그리고 물과 햇빛도 뿌려 주었습니다.
"이제부터 매일 찾아와서 너를 돌봐 줄게."
궁금이 공주는 콩콩이에게 인사를 하고 해님 나라로 돌아갔습니다.
일 주일이 지난 뒤 콩콩이가 궁금해진 궁금이 공주가 밭두렁으로 내려왔습니다.
"어머? 콩콩아, 너도 옷을 입었구나!"
"다 공주님 덕분이에요. 저에게 흙과 물과 햇살을 주셨잖아요."

콩콩이의 몸은 건강하게 변해 있었습니다.

"어젯밤에 떡잎 옷을 벗고 오늘은 본잎 옷을 입었어요. 키도 우리들보다 커서 70센티미터나 되는걸요."

강낭콩 형이 콩콩이를 대견스러워하며 말했습니다. 궁금이 공주도 콩콩이가 너무 자랑스러웠습니다.

며칠이 지나자 콩콩이는 무럭무럭 자라서 엄마처럼 어른이 되었습니다. 꽃도 피웠다가, 꽃이 진 자리에 꼬투리를 만들고, 그 안에 열매를 맺었습니다.

"이제 나도 우리 엄마가 그랬던 것처럼 너희 강낭콩들을 밭두렁에 떨어뜨려야 할 때가 왔구나. 다 너희를 위한 일이니 부디 열심히 살거라."

콩콩이는 하나 둘씩 새끼 콩들을 밭두렁으로 보냈습니다. 콩콩이의 마음을 안 새끼 콩들은 투덜거리지 않고 밭두렁의 흙을 덮고 잘 지냈습니다.

이 모습을 본 궁금이 공주는 콩콩이에게 했던 것처럼 새끼 콩들에게도 정성을 다했습니다. 콩콩이는 고마워하며 서서히 시들어 갔습니다.

궁금증 해결

강낭콩의 꽃과 꼬투리

강낭콩의 꽃자루는 줄기의 끝이나 줄기에 붙어 있는 잎자루와 줄기 사이에 생겨요. 하나의 꽃자루에 약 5~6송이의 꽃이 달리지요. 꽃의 모양은 나비와 비슷해요. 그리고 색깔은 분홍색, 흰색, 자주색 등 여러 가지예요.

우리가 주변에서 자주 볼 수 있는 강낭콩의 꽃 색깔은 대체로 자주색과 흰색이 많아요. 그리고 덩굴로 된 강낭콩의 꽃은 대부분이 빨간색이죠. 이처럼 강낭콩의 종류에 따라 꽃의 색깔도 달라진답니다.

강낭콩의 꼬투리는 꽃이 진 자리에 생기는 거예요. 어린 꼬투리는 초록색이지만 여물면 노란색 바탕에 갈색 무늬가 뚜렷해져요.

꼬투리의 길이는 처음에는 비교적 빨리 길어지고 굵어지지만 씨가 여물 때쯤에는 더 이상 자라지 않아요.

씨가 여문 꼬투리 속을 보면 강낭콩의 눈이 껍질에 붙어 있어요.

보통 강낭콩 한 개를 심으면 많은 수의 강낭콩을 수확할 수 있어요. 적을 때는 약 15개 정도이고, 많을 때는 약 80개 정도나 되지요. 강낭콩을 수확할 때는 꼬투리가 노란색으로 변했나를 확인하고 따야 해요.

유럽에서는 콩이 금이래요

콩을 일컬어 '밭의 쇠고기' 라고 하는데, 이는 영양가가 많아서 붙인 이름입니다. '밭의 쇠고기' 라는 말은 독일의 학자들이 콩의 영양분을 분석해서 한 말입니다.

독일뿐만 아니라 유럽 여러 나라에서 콩을 재배하려고 했지만 실패를 거듭했습니다. 유럽에 있는 흙의 질이 콩을 재배하기에 적당하지 않았기 때문입니다. 콩이 자라는 데는 근류균이 꼭 필요한데 유럽의 흙 속에는 이것이 전혀 없습니다. 그러다가 미국과 캐나다에서 콩 재배에 도전해 겨우 성공을 했습니다. 그래서 지금도 유럽에서는 콩을 금처럼 귀하게 여긴답니다.

풀잎에 맺힌 이슬은 어디에서 온 걸까요?

이슬은 수증기를 품고 있는 따뜻한 공기가 밤에 기온이 내려갔을 때 차가운 것에 닿으면서 생기는 것입니다.

그러나 모든 이슬이 공기의 수분에 의해 생기는 건 아닙니다.

풀잎에 맺히는 이슬은 대부분 풀잎 속에 있는 수분이 잎의 가장자리 쪽에 벌어져 있는 물 구멍을 통해서 나오는 것입니다.

씽크탱크

벌레를 잡아먹는 식물

"우리 벌레들을 잡아먹는 나쁜 녀석이 바로 저 녀석이야!"

많은 벌레들이 모여서 소리를 지르고 있습니다. 겁쟁이 개구리 선생님은 자기한테 그러는 줄 알고 얼른 나무 뒤로 숨어 버렸어요.

그런데 나무에 비해서 개구리 선생님이 너무 뚱뚱한 것 같네요. 벌레들이 화가 나서 소리를 지르자 자고 있던 아기꽃이 놀라 잠을 깼어요.

그런데 이미 벌레들은 무서운 표정으로 아기꽃 앞에 몰려와 있었어요. 손에는 뾰족한 막대기까지 들고 말이에요.

"내가 뭘 잘못했다고 그러는 거야. 가까이 오지 마!"

아기꽃은 걱정스런 표정으로 곤충들을 말렸어요. 그러나 곤충들은 아랑곳하지 않고 뚜벅뚜벅 다가갔어요. 개구리 선생님은 나뭇잎 위로 올라갔어요. 그런데 바로 그 때였어요.

"아 - 흠, 꿀꺽!"

벌레들이 눈깜짝할 사이에 모두 사라져 버렸어요. 알고 보니 아기꽃 옆에 있던 꺽다리꽃이 벌레를 잡아먹은 거예요. 글쎄 이 꽃은 벌레를 잡아먹는 꽃이었어요.

벌레를 잡아먹는 식물들은 주로 늪처럼 양분이 적은 곳에서 살고 있어요. 인도네시아의 숲에 사는 '전통칢'이라는 풀은 꿀 냄새를 풍겨서 벌레들을 유인한대요. 그리고 나서 벌레들이 제 입 속으로 들어오면 끈끈한 액체로 소화시켜 버린다는군요.

● 강낭콩

나는 사랑받을 만해

'내 뱃속에는 왜 씨앗이 들었지? 까만 씨앗은 너무 보기 싫어. 그래서 사람들이 나를 싫어하는 것 같아! 무슨 방법이 없을까?'

시무룩해진 줄줄이 수박은 기분 전환을 하기 위해 시장에 가기로 했어요. 양산을 쓰고, 엉덩이를 씰룩거리며 집을 나섰지요. 북적거리는 시장에 도착한 줄줄이는 한결 기분이 좋아졌어요. 그래서 이리저리 다니며 시장 구경을 했어요. 한참 기웃기웃 다니는데 누군가 큰 소리로 말하는 게 들렸어요.

"지베렐린 사세요!"

줄줄이는 처음 듣는 말에 귀가 솔깃했어요.

"지베렐린이 뭐예요?"

"아니, 이렇게 깔끔한 아가씨가 아직 지베렐린을 모르고 있다니!"

줄줄이 수박을 보며 장사꾼 귤은 빙긋 웃었어요.

"깔끔한 수박 아가씨, 사람들은 우리 과일에 씨가 있는 걸 싫어하지요? 먹을 때 귀찮고, 뱉어 놓으면 지저분하니까요. 그래서 때론 구박을 받기도 하잖아요."

"그건 그렇죠."

줄줄이는 새침하게 대답했어요. 장사꾼 귤은 이런 줄줄이를 보면서 다시 말을 시작했어요.

"바로 그 점을 이용해 만든 약이 지베렐린이랍니다. 식물 생장 조절제라고도 부르지요. 이 약품을 물에 타서 샤워를 해 보세요. 그러면 아가씨 뱃속에 있는 씨앗이 모두 사라질 겁니다. 그렇게 계속 하다 보면 아예 씨가 생기지 않을 수도 있지요. 우리 귤들도 그래서 씨가 없는 것이랍니다."

"그게 정말이세요?"

줄줄이 수박은 눈이 왕방울만해졌어요. 너무 기쁜 나머지 망설이지도 않고 지베렐린을 샀어요.

'씻는 거라면 자신 있어!'

　신이 난 줄줄이는 빨리 집으로 가려고 했어요. 이 때 장사꾼 귤이 줄줄이를 불러 세웠어요.
　"성격도 참 급하시지. 가기 전에 꼭 해 둘 말이 있소. 줄기에서 꽃이 활짝 피기 전에 이 지베렐린을 타서 샤워를 해야 하는 걸 잊지 마시오."
　줄줄이는 고개를 끄덕이고 집으로 돌아갔어요. 그리고 장사꾼 귤이 일러 준 대로 했어요.
　욕조에 물을 받아 빠글빠글 뽀글뽀글 비누 거품을 냈어요. 그리고 시장에서 사 온 약품을 물에 탔습니다. 룰루랄라 콧노래를 부르며 목욕을 시작했어요. 줄기를 닦고, 몸통을 닦고, 꽃망울도 닦았어요. 그리고 밭두렁에 가서 살포시 누웠어요.
　'역시 샤워 후에는 햇빛 마사지가 최고야!'
　줄줄이 수박은 몸을 이리저리 굴리며 햇빛에 몸을 말렸어요. 며칠이 지나자 줄줄이의 몸은 포동포동 살이 찌기 시작했어요. 그리고 몸에 난 까만 줄무늬도 진하게 변했어요. 어느 새 속이 잘 익은 거예요.
　'우와, 내 몸이 이렇게 변했네! 속도 빨갛게 잘 익고, 씨도 없어!'
　줄줄이는 마음이 뿌듯했어요. 밭을 둘러보러 나온 농

부가 줄줄이를 보았어요.

"너 윤기가 자르르 흐르는 게 참 먹음직스럽게 생겼구나!"

"저를 한번 먹어 보세요. 후회하지 않을 거예요."

농부는 줄줄이를 따서 집으로 갔어요. 농부의 아내는 줄줄이 수박을 칼로 쩍 갈랐어요. 반으로 갈라진 줄줄이는 우쭐했어요.

"아니? 수박 안에 씨가 없어요."

농부의 아내가 놀라며 말했어요.

"저는 워낙 깔끔해서 지저분한 씨는 가지고 다니지 않

아요. 어서 먹어 보세요. 햇빛 마사지를 해서 아주 잘 익었답니다."
줄줄이는 자신만만하게 말했어요.
"어쩜 이렇게 잘 익었을까?"
농부는 아삭아삭 수박을 베어 먹었어요.
"뱉을 씨도 없고, 참 맛있네요!"
아내도 맛있게 수박을 먹으며 좋아했어요.
"저 이만하면 사랑받을 만하죠?"
줄줄이는 어깨를 들썩거리며 좋아서 어쩔 줄 몰랐어요. 농부는 이 사실을 동네방네 알렸어요.
"세상에, 씨 없는 수박도 있지 뭐예요. 씨 뱉을 일이 없으니까 얼마나 편한지 몰라요."
농부의 말을 듣고 있던 동네 사람들은 눈이 휘둥그레져 줄줄이 수박에게로 달려갔어요. 줄줄이는 자기를 찾아온 사람들을 보고 어깨가 으쓱했어요.
'그래, 이제 우리 수박들이 제일 사랑받을 수 있는 시대가 온 거야.'
줄줄이는 침이 튀는 줄도 모르고 열심히 설명하기 바빴어요. 그 후 씨 없는 수박은 가장 사랑받는 과일이 되었답니다.

수박의 한살이

수박은 열매를 먹기 위해 밭에 심어 가꾸는 과일입니다.

줄기에는 거친 털이 있으며 길이는 7미터 정도예요.

긴 심장 모양의 잎은 3~4개로 깊게 갈라지며 어긋나 있어요. 그리고 잎겨드랑이에서 덩굴손이 나와 다른 물체를 휘감지요.

꽃은 5~6월에 수꽃과 암꽃이 노란색으로 잎겨드랑이에 한 송이씩 따로 달려요. 꽃이 핀 후 약 30일이면 열매가 열리는데 열매는 둥글고 커요. 그리고 열매의 무게는 5~6킬로그램 정도로 무거운 것이 보통이에요. 수박의 속살은 물이 많고 달아요. 속살은 붉은색이지만 희거나 노란 것도 있어요.

수박은 여름 과일로 물이 많아서 오줌을 잘 나오게 하는 작용을 해요. 그래서 신장병에 걸린 사람들이 많이 먹어요.

수박이 자라기에 적당한 온도는 25도 정도예요. 그리고 익는 동안 높은 온도를 필요로 하는 과일이기도 해요. 비료에 민감해서 비료를 많이 주면 더 잘 자란답니다. 비닐 하우스가 없는 밭에서 재배하려면 4월에 씨를 뿌리고 5월에 모종을 심고, 7~8월에 따 먹어요. 그런데 요즘에는 비닐 하우스 재배가 가능해서 여름뿐만 아니라 겨울에도 먹을 수 있어요.

놀라운 상식 백과

바나나는 원래 씨가 없었을까요?

모든 과일은 보통 씨가 있는데, 유독 바나나만은 씨가 없습니다.

하지만 원래부터 씨가 없었던 것은 아닙니다. 야생의 바나나에는 당연히 씨가 있습니다. 지금 우리가 맛있게 먹는 바나나는 씨가 없도록 개량한 것입니다.

귤도 마찬가지입니다. 원래 귤에는 씨앗이 무척 많았다고 합니다. 그런데 몇백 년에 걸쳐 씨앗이 거의 생기지 않는 것을 계속 재배한 결과 지금의 귤이 된 것입니다.

무화과는 꽃 없이 어떻게 열매가 생기나요?

무화과란 꽃 없이 맺은 열매라는 뜻입니다. 그런데 사실은 무화과도 꽃이 있습니다. 다만 다른 식물들처럼 꽃이 겉에서 피지 않을 뿐입니다. 무화과는 잎겨드랑이에서 꽃턱이 항아리 모양으로 비대해져 안쪽 벽에 흰색의 작은 꽃이 빽빽이 달립니다. 그렇기 때문에 겉에서는 꽃이 보이지 않습니다. 무화과라고 부르게 된 이유도 그 때문입니다. 흑자색 또는 황록색을 띠는 열매는 가지 밑의 것부터 차차 위로 올라가면서 익습니다.

혼합물 분리하기

수돗물의 여행

"어? 엄마, 물이 안 나와요."
손을 씻으려던 성현이가 소리쳤습니다.
"그래? 받아 놓은 물도 없는데……."
엄마는 걱정스런 얼굴로 말했습니다.
"설거지도 해야 하고, 빨래도 담가 두었는데……. 이를 어쩌면 좋지?"
성현이는 축구를 하고 와서 손도 시커매졌고, 땀이 나서 온몸이 끈끈한데도 씻을 수가 없으니 여간 찜찜하지 않았습니다.
"엄마, 변기 물도 안 내려가는걸요."
"물이 안 나오니 당연하지. 조금만 기다려 보자. 곧

나올 거야."

성현이는 수도꼭지를 끝까지 틀어 보았지만 물이 나올 기미는 보이지 않았습니다.

"엄마, 수도꼭지 안을 막대기로 쑤셔 보면 물이 나오지 않을까요?"

성현이의 말에 엄마는 빙그레 웃었습니다. 그러더니 성현이의 머리를 쓰다듬으며 한마디 덧붙였습니다.

"성현아, 물은 그렇게 한다고 나오는 게 아니란다."

엄마는 성현이에게 수돗물이 나오는 과정을 설명해 주었습니다.

그 날 밤, 성현이는 결국 씻지도 못한 채 잠이 들었습니다.

"어? 여기는 저수지잖아. 내가 왜 여기에 와 있지? 난 집에 가야 하는데."

물에만 들어가면 맥주병처럼 꼬르륵 가라앉던 성현이가 튜브도 없이 맨몸으로 물에 둥둥 떠 있었습니다.

성현이는 당황스러워서 주위를 두리번거렸습

니다.

그 때 물방울이 성현이에게 말을 걸었습니다.

"우리랑 같이 가자. 그럼 너희 집까지 갈 수 있단다."

"어? 물방울이 말을 하네?"

성현이는 신기한 듯 물방울을 바라보았습니다. 그러자 물방울이 움직이기 시작했습니다.

하는 수 없이 성현이는 물방울을 믿고 따라가기로 했습니다.

이렇게 마음을 먹자 갑자기 어떤 강한 힘이 성현이의 몸을 끌어당겼습니다.

"어~어어어?"

성현이는 물방울들과 함께 취수탑으로 끌려들어갔습니다. 거기에서 다시 긴 관

을 거쳐 정수장에 닿았지요.

"여기는 물을 깨끗하게 만드는 곳이야. 먼저 우리 몸에 묻어 있는 모래와 흙을 없애야 한다고."

물방울이 성현이에게 설명을 해 주었습니다.

몸을 씻은 물방울들과 성현이는 양수기로 끌어 올려졌습니다.

그런 다음에는 오물들을 가라앉히는 작업을 거쳤습니다.

"아직도 멀었니? 빨리 집에 가고 싶단 말야."

성현이의 목소리는 조금 지쳐 있었습니다.

"그럼 멀었지. 집까지 가는 게 그리 쉬운 줄 알아? 이젠 여과지를 통과할 차례야."

   물방울의 말대로 성현이와 물방울들은 여과지를 거쳐 걸러졌습니다. 그런 다음 그들은 소독하는 곳에서 다시 한 번 몸을 깨끗이 씻었습니다.

   "이야, 너희가 우리 집까지 오려면 참으로 복잡한 과정을 거쳐야 하는구나."

   "그럼. 우리 몸에 있는 더러운 것들을 제거하려면 이렇게 많은 과정을 거쳐서 먼 길을 가야 한다고. 그걸 이제 알았니?"

   "으응."

   성현이는 머리를 긁적이며 멋쩍어했습니다.

   물방울들과 성현이는 이번에는 급수소라는 곳으로 가서 배수관으로 쏙 들어갔습니다.

   "이제 거의 다 왔어. 성현아, 오늘 함께 거쳐 온 길, 잊지 마. 안녕."

   인사를 채 마치기도 전에 성현이는 물방울과 함께 수도꼭지를 통해 쏴아 빠져나왔습니다.

   "이야, 드디어 집으로 돌아왔다! 내 몸이 다 시원해지는 느낌이야. 시원하다, 시원해."

"성현아, 일어나. 애가 잠꼬대를 다 하네."
 누군가 어깨를 흔들어 눈을 떠 보니 엄마가 성현이 옆에서 물수건으로 손을 닦아 주고 있었습니다.
 "손도 못 씻고 자니까 찜찜하지? 이제 물 나오니까 어서 가서 씻어라."
 "정말 물이 나와요?"
 성현이는 놀란 눈으로 말했습니다.
 "그렇다니까. 그런데 넌 웬 잠꼬대를 그렇게 하니?"
 "엄마, 그 물 제가 데려온 거예요."
 "뭐야? 애가 아직도 잠꼬대를 하고 있네."
 "글쎄, 저랑 같이 왔다니까요."
 "도무지 무슨 소린지 모르겠구나. 어서 씻어."
 성현이는 자신의 말을 믿어 주지 않는 엄마가 야속했습니다. 하지만 꿈 속에서 만난 물과의 여행을 떠올리며 빙긋 웃었답니다.

궁금증 해결

깨끗한 수돗물, 맑은 약수

　수돗물은 하천과 호수의 물을 이용합니다. 하천이나 호수의 물을 모아 두었다가 펌프를 이용해서 물 속의 찌꺼기, 세균, 미생물을 완전히 없애는 것이지요.

　요즘은 약수나 생수가 더 깨끗하고 수돗물은 지저분하다며 수돗물을 먹지 않는 사람이 많습니다.

　그러나 우리 나라에 수도가 생기고 나서부터 콜레라, 장티푸스 같은 전염병이 크게 줄었답니다.

　약수는 바위 틈이나 땅 속에서 나오는 물을 말합니다.

　땅 속에는 사람의 몸에 좋은 여러 성분이 들어 있다고 해요. 그래서 약수라고 불리게 된 것이지요.

　하지만 수질 검사를 받지 않은 약수는 마시면 안 됩니다.

　요즘은 공장에서 나오는 중금속 때문에 오염된 약수가 많기 때문이에요.

　중금속이 섞인 물을 마시면 피부가 두꺼비처럼 흉하게 변하거나 손가락, 발가락이 뒤틀리는 병에 걸릴 수도 있답니다.

천연 암반수란?

빗물이 땅 속으로 스며 암석이나 커다란 바위 밑에 고인 물을 천연 암반수라고 부릅니다. 천연 암반수에는 사람의 몸에 좋은 미네랄(광물질)이 많이 들어 있습니다.

천연 암반수는 겨울에는 따뜻하게 느껴지고 여름에는 차갑게 느껴지는데 이것은 사람들의 착각이랍니다.

땅 속에 있는 물의 온도는 변함이 없는데 땅 위의 기온은 계속 변하기 때문에 그렇게 느껴지는 것이지요.

로마의 목욕탕

세계 최초의 수도는 무엇일까요? 바로 저 유명한 로마의 목욕탕 물이랍니다.

기원전 300년경 로마에서는 산 속의 깨끗한 물을 끌어들여 분수, 목욕탕, 공공 건물 등에서 썼다고 합니다.

이 때 로마에는 목욕이 크게 유행을 해서 목욕탕이 아주 많았지요. 하지만 로마가 망하면서 이 수도도 함께 망가져 버렸답니다.

혼합물 분리하기

고향으로 돌아온 바닷물

저는 바닷물이에요.

바다는 끝없이 넓고 한없이 깊죠. 바닷속에서는 수많은 일들이 일어난답니다. 가끔 상어들끼리 싸우는 일도 있고, 성난 파도에 몸을 뒤척여야 할 때는 겁이 나기도 해요. 하지만 그래도 저는 바다가 좋아요. 늘 모험을 할 수 있으니까요.

오늘은 밀물을 따라 모래톱 가까이에 가 보려고 해요.

여름이어서 그런지 햇살이 따갑네요. 어, 저기 사람들이 보이기 시작하는군요. 몸도 어쩐지 깊은 바다에서만큼 가볍질 않고요. 어느 새 모래톱 가까이에까지 왔는가 봐요.

그런데 좀 이상하네요. 어디론가 끌려가는 듯한 기분이 드니 말이에요. 아까보다 몸이 더 늘어지는 게 아무래도 바다에서 너무 멀리 온 모양이에요. 바다에서 멀어지면 안 되는데…….

"이게 어떻게 된 일이야?"
다른 바닷물의 목소리에 정신을 차려 보니 제가 낯선 곳에 와 있는 거예요.
"여기가 어디지?"
다른 바닷물들이 와 있는 걸 보면 바다인 듯하기도 한데……. 아니에요. 바다를 떠나 본 적이 없어 확실히 알 수는 없어도 분명 바다는 아니에요. 그 때 다른 바닷물들이 하는 말이 들렸어요.
"여기는 저수지야. 우린 갇힌 거라고."
"뭐? 저수지? 누가 우리를 여기에 가둔 거야?"
"바로 저 아저씨들."
우리는 바로 그 아저씨들이 밟는 수차에 의해 바깥으

　로 나가게 되었죠. 다른 바닷물의 말에 의하면 염판으로 간다고 하더군요. 그 친구 말대로 각각 다른 염판으로 나뉘어 들어가게 되었어요.
　그 곳에서 우리는 마치 일광욕을 하듯이 햇볕을 받고 누워 있었죠. 그 아저씨들은 널빤지처럼 생긴 것으로 우리를 쓸어 주곤 했어요.
　그렇게 누워 있다 보니 물기는 어디론가 날아가 버리고 제 몸이 딱딱해지는 듯한 느낌을 받았어요. 전에 눈이 내리는 걸 본 적이 있는데 마치 제가 눈이 된 것 같았어요. 그 아저씨들은 하얀 알갱이가 된 저와, 저처럼 더 이상 바닷물이 아닌 알갱이 친구들을 커다란 창고에 가져다 놓았어요.
　거기서 우리는 또다시 뿔뿔이 흩어졌죠.

　차를 타고 어디론가 가면서 모래톱 가까이 나오던 그 날을 떠올렸어요. 바다에 살고 있던 그 날을요. 저도 모르게 눈물이 났어요.

　저는 공장으로 가게 되었고 거기에서 작은 봉지에 담겼지요.

　그런 다음에는 어느 슈퍼마켓에서 한동안 살다가 한 아주머니의 손에 이끌려 낯선 집으로 가게 되었어요.

　그 집에는 아이가 하나 있었는데 저처럼 어디론가 놀러 가는 걸 무척 좋아했던가 봐요. 매일같이 엄마에게 졸라 댔어요.

　그런데 어느 날 저는 깜짝 놀랐어요.

　"엄마, 우리 이번 방학에 바다에 안 갈 거예요?"

　글쎄, 그 아이가 바다 이야기를 하지 않겠어요. 저는 가슴이 막 두근거렸답니다. 하지만 제가 어떻게 다시 바다로 갈 수 있겠어요. 전 이미 바닷물이 아닌걸요. 그저 한숨만 나왔죠.

　이 집 아주머니는 아이의 성화에 결국 바다로 놀러 갈 결심을 하셨던가 봐요.

　아침이 되자 식구들이 모두 바쁘게 움직였어요. 아저씨와 아이는 짐을 싸고, 아주머니는 음식 장만하고. 저

는 병 안에 앉아서 그 모습을 부러운 듯이 쳐다보고 있었지요.

"엄마, 우리 계란 삶아 가요."

"벌써 삶아 놨어."

"여보, 소금도 넣어."

"아이고, 내 정신 좀 봐. 소금을 깜빡할 뻔했네."

이 말이 떨어지기가 무섭게 저와 옆의 친구들은 작은 봉지에 담겨 짐 가방에 들어가게 되었죠.

'어쩌면 나도 바다를 볼 수 있을지 몰라.'

저는 잔뜩 기대에 부풀었어요.

덜컹거리는 소리와 함께 차가 멈춰 서고, 아이의 목소리가 들리더군요.

"와, 바다다!"

'바다'라는 말에 저 역시 감격을 감출 수 없었답니다. 하지만 가방 안에 있으니 어디 볼 수가 있어야지요.

아저씨와 아주머니 그리고 아이는 바닷가에 자리를 잡고 앉았던가 봐요.

"우리 계란 먹자."

"소금도 꺼내."

드디어, 드디어 바다를 보게 되는 거였어요.

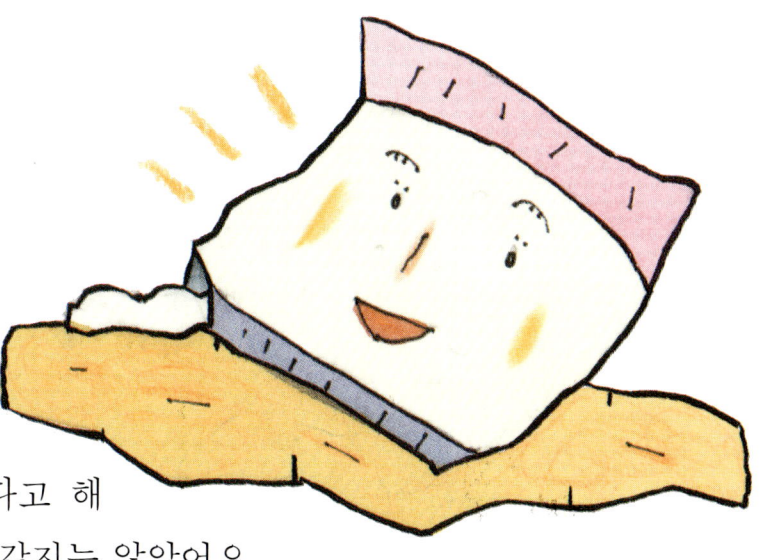

이제 바다를 보게 되었으니 아이의 입 속에서 녹게 된다고 해도 그리 슬플 것 같지는 않았어요.

그런데 그 때 기적이 일어났어요.

"어!"

저는 바다를 볼 틈도 없이 모래 위로 떨어졌어요.

제가 든 봉투를 가방에서 꺼내던 아이가 그걸 놓쳐 버린 거예요.

"저런, 잘 잡아야지. 그냥 먹어야겠다. 소금이 모래랑 섞여서 먹을 수가 없어."

젖어 있는 모래 위에 떨어지고 보니, 제가 놀러 나왔던 오래 전의 그 모래톱으로 다시 돌아왔다는 걸 알 수 있었어요.

거기서 멀리 있는 바다에게 인사를 했죠.

"바다야, 내가 왔어."

그 날 밤, 밀려오는 바닷물을 타고 소금이 되었던 저는 다시 바닷물이 되었답니다.

저의 고향으로 돌아온 거예요.

궁금증 해결

염전에서는 어떻게 소금을 얻을까요?

염전은 바닷물을 끌어올려 햇볕에 수분을 증발시킨 뒤 소금을 얻는 곳입니다. 갯벌이 넓고, 조수 간만의 차가 크며 비가 적게 내리는 곳이 염전으로 이용하기에 적당합니다. 그래서 우리 나라의 염전은 대부분 서해안에 있습니다.

소금은 암염으로 지하에 묻혀 있거나, 바닷물 속에 녹아 있습니다. 소금을 만드는 방법에는 암염을 캐내어 정제하는 것과 바닷물을 염전에 끌어올려 햇볕에 수분을 증발시키는 것이 있습니다. 바닷물을 증발시켜 소금을 만드는 방법을 천일 제염이라고 합니다.

천일염 만드는 과정은 이렇습니다.

우선 무자위라는 도구를 이용해 바닷물을 염전으로 퍼올립니다. 그런 다음 강한 햇볕에 물을 서서히 증발시킵니다. 물이 증발하고 나면 소금 염분이 남아 소금 결정이 되지요. 바닥에 쌓인 소금을 거두어들여 물기를 뺀 뒤 가공하면 우리가 먹는 소금이 되는 것이랍니다.

소금은 사람의 몸 속에 들어가 체액이나 혈액의 알칼리성을 유지시키는 등 생리적으로 중요한 역할을 할 뿐 아니라 우리 생활에 여러 가지로 유용하게 쓰이는 중요한 식품입니다.

놀라운 상식 백과

수영을 못 하는 사람도 떠 있을 수 있는 바다가 있을까요?

'사해'라는 호수가 그렇습니다. 사해는 요르단과 이스라엘 국경에 있는 호수로 여러 곳에서 물이 흘러들어오지만 흘러 나가는 곳이 없답니다. 그런데 물의 증발량이 특히 많아서 소금기는 계속 증가하지요. 비중이 무거운 액체에 가벼운 물체가 들어가면 뜨게 되는데, 소금이 물에 녹을수록 물의 비중이 커집니다. 이런 원리로 사해에서는 사람의 몸이 뜨는 것이랍니다. 보통의 바닷속 염분은 3~3.5%인데 사해의 염분은 23~25% 정도이니까 얼마나 짠지 조금은 상상이 가죠?

소금에도 종류가 있나요?

염전에서 바닷물을 증발시켜 만드는 천일염, 바닷물을 공장의 증발관을 통해 탈수시켜 만드는 기계염, 천일염이나 기계염을 물에 다시 녹여 불순물을 거르고 열을 가해 만드는 재제염, 위의 세 가지 소금을 고체 상태 그대로 녹이거나 태우는 방법을 이용해 만든 죽염이나 볶은 소금 등은 가공염이라고 합니다.

🍂 혼합물 분리하기

아이스크림이 좋아요

"엄마, 저 아이스크림 하나만 사 주세요."
"넌 매일같이 아이스크림 타령이구나. 아이스크림을 너무 많이 먹으면 살찌고, 이 썩는 것도 모르니? 어제 먹었으니까 오늘은 안 돼."
'엄마는 괜히 사 주기 싫으니까……'
아기곰 곰돌이는 아이스크림이 너무 맛있는데 실컷 먹게 사 주지 않는 엄마가 원망스럽습니다. 곰돌이는 입을 삐죽이며 밖으로 나왔습니다.
"아저씨, 딸기 아이스크림 하나 주세요."
"저는 바닐라 아이스크림요."
"우린 초코 둘요."

곰돌이를 놀리기라도 하듯 아이스크림 파는 아저씨 근처에는 친구 곰들이 북적대고 있었습니다. 곰돌이는 친구들을 부러운 듯이 쳐다보았습니다.

'맛있겠다. 쩝쩝쩝.'

곰돌이는 입맛을 다시며 생각했습니다.

'난 이다음에 커서 꼭 아이스크림 가게를 차릴 거야. 그럼 내가 좋아하는 아이스크림을 매일매일 먹을 수 있을 테니까.'

그런 생각을 하던 곰돌이는 갑자기 손바닥을 탁 쳤습니다.

'그래, 내가 아이스크림을 직접 만들어 먹으면 되겠구나. 왜 여태 그 생각을 못 했지?'

곰돌이는 신이 나서 집으로 뛰어갔습니다.

'아이스크림은 우유로 만드는 것이니까……'

곰돌이는 냉장고에서 우유를 꺼냈습니다. 그런 다음 우유에 설탕을 넣고 숟가락으로 저었습니다. 그리고는 작은 그릇에 담아 냉동실에 넣어 두었습니다.

'내일 아침이면 내가 만든 아이스크림을 먹을 수 있겠구나.'

곰돌이는 사르르 입에서 녹을 아이스크림을 떠올리

며 행복하게 잠을 잤습니다.

다음 날 아침, 곰돌이는 눈을 뜨자마자 냉장고로 달려갔습니다.

"와, 됐다!"

꽁꽁 얼어 있는 아이스크림을 본 곰돌이는 일단 소리부터 질렀습니다.

"나도 아이스크림을 만들 수 있게 되었어. 이제 얼마 안 있으면 내 이름을 붙인 '곰돌이 아이스크림' 가게가 생길 거야."

곰돌이는 신이 나서 아이스크림을 먹으려고 했습니다. 그런데 얼음처럼 딱딱하게 굳어 버려 숟가락으론 퍼지질 않았습니다.

"내가 너무 오래 얼렸나?"

곰돌이는 조금 기다려 보기로 했습니다. 곰돌이의 아이스크림은 조금씩 녹았습니다.

"이제 됐겠지?"

기대에 찬 얼굴로 한 숟가락을 입에 떠 넣은 곰돌이는 이내 실망한 표정이 되고 말았습니다.

"왜 이렇게 부드럽질 않지? 달콤한 맛도 안 나고. 어째 우유 얼음 같네……. 이상하다, 분명히 아이스크림

은 우유로 만든다고 그랬는데……."

곰돌이는 자기가 만든 아이스크림을 들고, 아이스크림 파는 아저씨에게 부리나케 달려갔습니다.

"아저씨, 제 아이스크림 왜 이래요?"

곰돌이가 아이스크림 만든 이야기를 다 듣고 난 아저씨는 껄껄껄 웃었답니다.

"아저씨, 웃지만 말고 말해 주세요. 아이스크림은 뭘로 만드는 거예요?"

"아이스크림을 우유로 만드는 건 맞아. 하지만 우리가 먹는 우유를 그대로 넣어 만드는 것은 아니란다."

곰돌이는 의아한 표정으로 물었습니다.

"그럼 어떻게 하는 건데요?"

"우유에는 단백질, 지방, 탄수화물 등 여러 가지 성분이 들어 있거든. 우리가 먹는 아이스크림은 원심 분리기를 이용해서 분리해 낸 크림층을 가지고 만드는 거란다. 그 밖에도 아이스크림엔 들어가는 재료가 많아. 그러니 우유를 그대로 얼린다고 아이스크림이 되는 건 아냐."

아저씨의 설명을 들은 곰돌이는 시무룩해져 집으로 돌아왔습니다.

그 때 방으로 들어가려는 곰돌이에게 엄마가 말했습니다.

"곰돌아, 냉장고 열어 봐라."

무슨 일인가 싶어 냉장고 문을 열어 본 곰돌이는 환호성을 올렸답니다.

"얏호!"

"아이스크림이 그렇게 좋으니?"

뒤에서 엄마가 웃으셨습니다.

냉장고에는 딸기, 초코, 바닐라 아이스크림이 한 통씩 가득 들어 있었던 것입니다.

궁금증 해결

우유를 얼리면 왜 아이스크림이 되지 않을까요?

아이스크림은 우유로 만드는데 우유를 얼리면 왜 아이스크림이 되지 않을까요? 이 문제를 풀기 위해서는 아이스캔디와 아이스크림의 차이점을 알아야 합니다.

아이스캔디는 보통 얼음 과자라고도 하죠. 감미료, 향료, 착색료 등을 혼합한 액을 막대 모양으로 얼린 것입니다. 여기에 우유나 과즙을 첨가하기도 하죠. 가운데에는 나무로 된 스틱을 넣어 이것으로 들고 먹습니다.

아이스크림은 만들어지는 과정부터 다릅니다.

우선 액체 형태의 원료인 생크림, 우유, 연유, 버터, 설탕, 물엿, 식물성 기름 등을 잘 섞어 녹입니다. 그런 다음 가루 형태의 원료인 분유, 물, 유화제, 안정제도 넣어 함께 녹입니다. 대개 크림과 우유 80~85%, 설탕 15%, 향료 0.5~4.5%, 안정제 0.3%의 비율로 배합합니다. 이것을 가열해 여과시키고, 균을 없애는 과정을 거쳐 얼린 뒤 부드럽게 만들면 우리가 먹는 아이스크림이 되는 것입니다.

놀라운 상식 백과

아이스크림은 언제부터 먹기 시작했을까요?

우리들이 즐겨 먹는 아이스크림은 알렉산더 대왕이 페르시아 지방을 공격하던 때 처음으로 발명되었다고 합니다.

무더운 여름날, 뜨거운 햇볕 때문에 병사들이 일사병으로 쓰러졌습니다. 그러자 병사들에게 시원한 음식을 주는 방법이 없을까 고민하던 알렉산더 대왕은 생각 끝에 산꼭대기의 눈을 가져다가 과일즙과 섞어 병사들에게 먹였습니다. 이것이 바로 아이스크림의 시초가 된 것입니다.

얼음은 어떤 성질을 갖고 있을까요?

얼음은 겉으로 보기에는 단단해 보이지만 사실은 모양이 쉽게 변하는 성질을 갖고 있습니다.

스케이트나 스키의 예를 보면 쉽게 알 수 있죠. 스케이트를 탈 때 잘 보세요. 스케이트 날이 움직이면 날과 접촉한 얼음 표면은 그 날에 의해 모양이 조금씩 변합니다. 스케이트 날에 체중이 실려서 움직일 때 얼음 표면에 압력이 가해지기 때문이죠. 이 때 얼음판 위에 생긴 물은 윤활유 역할을 하게 되어 스케이트 날이 잘 미끄러지도록 돕는 것입니다.

씽크탱크

석유는 어떻게 이용할까요?

"바다로 가자~."

찬식이는 아빠와 함께 동해 바다로 향하는 중입니다. 오랜만에 바다에 가게 된 찬식이는 좋아서 신나게 노래를 불렀답니다.

'털털털털.'

그런데 갑자기 차의 속도가 느려지더니 멈춰 서는 것이 아니겠어요? 차에 기름이 떨어진 거예요.

"아빠가 기름 구해 가지고 올 테니 잠깐만 기다려라."

아빠가 잠시 자리를 비운 사이 찬식이는 생각했죠.

'아, 기름이라면 차 안에도 있는데. 아빠 오시기 전에 넣어 두면 아빠도 기뻐하실 거야.'

잠시 후, 기름을 구해 돌아오신 아빠에게 찬식이가 말했습니다.

"아빠, 제가 기름 다 넣었어요."

"뭐, 기름이 어디서 났는데?"

"바로 이거요."

찬식이가 꺼내 놓은 것은 바로 우리가 먹는 식용유였답니다.

정유 공장에서는 가열로에서 원유를 가열한 다음 뜨거워진 원유 증기를 정류탑으로 보냅니다. 정류탑은 온도가 다른 여러 층으로 나누어져 있는데 여기에서 원유 증기가 식으면서 끓는점에 따라 여러 가지 석유로 정제되는 것이랍니다. 우리가 보통 자동차에 넣는 가솔린은 150℃ 이하에서 나오는 것입니다.

🍂 식물의 뿌리

고구마가 뿌리래요

찬이와 송이는 아빠, 엄마와 함께 아파트 앞 자연 학습장에서 열심히 고구마를 캐고 있었습니다.
"와, 정말 크다!"
찬이가 큰 고구마를 캐어 들고 환호성을 질렀습니다.
"난 작은 것밖에 못 캤는데, 오빠 것은 되게 크네."
"그거야 이 오빠가 착한 일을 많이 했기 때문이지."
"쳇, 그럼 난 나쁜 일만 했다는 거야?"
"그럼. 넌 매일 오빠한테 덤비고 그러잖아."
찬이가 송이를 놀렸습니다.
"아앙, 오빠 미워!"
송이는 끝내 울음을 터뜨리고 말았습니다.

　송이는 오빠에게 달려들어 큰 고구마를 빼앗고 싶었지만, 그래 봐야 꿀밤이나 먹을 게 뻔했습니다.
　심통이 난 송이는 괜히 아빠에게로 가서 물었습니다.
　"아빠, 고구마는 왜 땅 속에만 열려요?"
　"그야, 뿌리 식물이니까 그렇지."
　"고구마가 뿌리라고요?"
　송이가 두 눈을 크게 떴습니다.
　"그래. 식물은 크게 잎과 줄기와 뿌리로 구분할 수 있단다. 서로 다른 역할을 담당하는 이 세 부분이 잘 어

울려야 식물이 살아갈 수 있는 거란다."

아빠는 식물의 세 부분이 어떠한 역할을 하는지에 대해서도 설명을 해 주었습니다.

식물의 잎은 식물들이 숨쉬는 곳이며 광합성을 통해 필요한 영양소를 만드는 곳이라고 했습니다.

줄기는 가지와 잎을 달고 있으며, 몸을 지탱하고, 물과 양분이 지나다니는 통로 역할을 한다고 했습니다.

뿌리는 땅 속에 넓게 퍼져서 식물을 지탱해 주고, 뿌리 끝에 나 있는 뿌리털을 통해 흙 속에 녹아 있는 물과 영양분을 흡수하는 일을 한다고 했습니다.

"그럼, 이 뿌리에도 고구마가 열리나요?"

송이가 잡초를 내보이며 아빠 옆에 바짝 다가앉았습니다. 아빠는 잡초 뿌리를 자세히 살펴보았습니다.

"송이야, 고구마는 아무 식물에서나 열리는 게 아니란다. 그런데 이건 명아주구나. 명아주는 곧은뿌리를 가지고 있지. 명아주, 나팔꽃, 무, 봉숭아, 당근 등이 곧은뿌리에 속한단다."

이어서 아빠는 고구마 줄기 사이에서 자라고 있던 강아지풀을 뽑았습니다.

"이건 강아지풀이야. 뿌리를 잘 보면 많은 뿌리들이

줄기에서 곧바로 뻗어 나와 있지?"
"네, 꼭 할아버지 수염 같아요."
"맞아. 그래서 이름도 수염뿌리란다. 수염뿌리 식물에는 강아지풀, 옥수수, 벼, 보리, 붓꽃 등이 있지."
"아빠, 뿌리의 생김새를 보면 이렇게 가늘고 길게 생겼잖아요. 그런데 어째서 통통하게 생긴 고구마가 뿌리라는 거예요?"
송이가 잡초의 뿌리를 가리키며 물었습니다.
"송이야, 식물의 특성에 따라 뿌리의 역할과 모양도 다른 거란다."
아빠가 고구마를 내보이며 말을 이었습니다.
"식물 중에는 광합성으로 얻은 영양분을 뿌리에 저장하는 것들이 있는데, 이걸 저장뿌리라고 한단다. 고구마가 저장뿌리인데, 고구마가 뿌리임에도 불구하고 굵은 건 거기에 영양분이 들어 있기 때문이란다."
"정말요? 그런데 고구마가 뿌리라는 걸 어떻게 알 수 있어요?"
"고구마를 반으로 잘라 물이 담긴 접시 위에 놓아 두면 고구마에서 줄기가 뻗어 나온단다. 고구마가 뿌리였으니까 그 위로 줄기가 나오는 거야. 그 줄기는 곧

잎을 펼치고 광합성을 하게 되지."

아빠는 밭고랑 사이에 있는 옥수수를 가리키며 다른 뿌리에 대해서도 설명을 해 주었습니다.

"송이야, 옥수수는 땅 위에서 나와 넓게 뻗는 받침뿌리란다. 또 담쟁이덩굴은 벽이나 바위에도 잘 달라붙는 붙임뿌리이고, 물 위를 떠다니는 개구리밥은 물속뿌리지. 이렇게 식물들은 여러 가지 뿌리를 가지고 있단다."

그런데 송이는 매우 실망한 얼굴이었습니다.

"그러면 고구마는 절대로 토마토처럼 밖에서 볼 수가 없겠네요? 보이면 제일 큰 고구마를 따서 오빠 코를 납작하게 해 주려고 했는데."

"하하하!"

아빠는 크게 웃었습니다.

"어디, 다른 사람들은 얼마나 캤는지 볼까?"

아빠가 식구들의 바구니를 살폈습니다.

"이런! 송이가 가장 큰 고구마를 캤는걸. 우리 송이가 착한 일을 많이 했나 보구나."

아빠의 말에 모두 송이의 바구니를 쳐다보았습니다.

"우아! 정말이네."

　　송이가 놀란 눈으로 커다란 고구마를 집어올렸습니다. 그리고는 찬이에게 혀를 낼름 내밀었습니다.
　"이것 봐. 내 것이 오빠 것보다 크지? 그러니까 내가 착한 일을 더 많이 한 거야."
송이는 그 커다란 고구마를 아빠가 몰래 넣어 준 것도 모르고, 내내 찬이에게 고구마 자랑을
했습니다.

식물의 뿌리는 어떤 일을 하나요?

뿌리는 식물이 똑바로 서 있게 지탱해 주고, 물이나 양분을 빨아 올리는 기관입니다.

식물의 씨앗이 땅에 떨어져 싹이 나게 되면 맨 먼저 뿌리가 나와 땅 속으로 파고들지요. 식물이 잘 자라도록 떠받쳐 주기 위해서입니다.

이어 식물이 자리를 잡으면 뿌리에서는 물과 양분을 흡수해 줄기를 통해 잎으로 보냅니다.

식물의 뿌리는 보통 씨앗이 싹을 틔울 때부터 자라나 땅 속으로 곧게 들어가는 원뿌리가 중심이 됩니다. 원뿌리는 굵고 곧은 게 특징이지요. 식물이 자라면서 이 원뿌리에서는 가는 곁뿌리가 옆으로 자랍니다. 곁뿌리에서는 물과 양분을 빨아들입니다.

원뿌리와 곁뿌리가 자라는 식물은 보통 두 개의 떡잎을 가진 쌍떡잎식물이며, 떡잎이 한 개인 외떡잎식물은 원뿌리가 없고 할아버지 수염처럼 자라는 가늘고 긴 수염뿌리를 가지고 있습니다.

놀라운 상식 백과

뿌리는 어떻게 이루어져 있나요?

식물의 뿌리는 표피, 체관, 물관, 생장점, 뿌리골무 등의 부분으로 되어 있어요. 표피는 뿌리의 맨 바깥 부분으로 뿌리의 겉부분을 보호하는 일을 합니다. 물관은 뿌리의 중심 부분에 있으며 뿌리에서 흡수한 물과 양분이 줄기로 올라가는 길이에요. 체관은 물관의 바깥쪽에 있으며 잎에서 만들어진 양분이 내려오는 길이지요.

생장점은 뿌리가 자라는 부분이고, 뿌리골무는 생장점을 싸서 보호하는 일을 하지요.

특이한 뿌리들

식물의 뿌리 중에는 특이한 것들이 많이 있습니다. 고구마나 무와 같은 식물은 양분을 저장하는 저장뿌리를 가지고 있어요. 또 옥수수는 땅 위로 나온 줄기에서 뿌리가 나와 우산살처럼 퍼져 땅 속으로 들어가는 받침뿌리를 가지고 있으며, 풍란이라는 식물의 뿌리는 공기 중에서 자라는 공기뿌리입니다. 담쟁이덩굴은 벽이나 바위에 붙은 붙임뿌리를, 겨우살이는 다른 식물에 뿌리를 내리는 기생뿌리를, 개구리밥은 물 속에 뿌리를 두는 물속뿌리를 가지고 있답니다.

🍂 강과 바다

용왕님의 욕심은 끝이 없어라

옛날 바닷속에는 욕심 많은 용왕님이 살았습니다. 이 용왕님은 특히 소금에 대한 욕심이 아주 많았습니다.
"왜 이렇게 늦느냐?"
소금을 재촉하는 용왕님의 목소리가 바다를 쩡쩡 울리게 하곤 했죠.
"예, 비가 아직 내리지 않아 좀 늦는가 보옵니다."
"에잇! 게으른 것들."
바닷속에는 용왕님이 모아들인 소금이 가득했습니다. 그래서 사람들은 바닷물이 짜다고 야단들이었습니다.
그런데도 용왕님은 소금 모으는 일을 멈추지 않고, 더욱 욕심을 부렸습니다.

 용왕님의 욕심이 끊이질 않자 강물, 시냇물, 개울물, 빗물 할 것 없이 모두 불만을 터뜨렸습니다. 용왕님은 그들에게서 소금을 모아들이고 있었거든요. 하지만 모두들 겁이 나서 용왕님에게 직접 말을 하지는 못하고 있었죠.

 그 때, 용감하고 똑똑하기로 소문난 메기가 용왕님 앞에 나서서 말했습니다.

 "용왕마마, 우리 바다에는 처음 생겨날 때부터 많은 양의 소금이 녹아 있었습니다. 지각이 식어 굳어지면서 바위 등에서 염분 성분을 가진 여러 광물질이 녹아 흘렀기 때문이죠. 게다가 빗물이나 냇물 같은 백성들이 소금의 주성분인 나트륨을 실어나르고 있으니 우리 바다는 얼마 안 있어 소금으로 가득 채워질지도 모르는 일입니다. 이제 소금은 그만 거두어들이시는 것이 옳은 줄로 아뢰옵니다."

 메기의 말을 들은 용왕님은 쯧쯧 혀를 찼습니다.

 "쯧쯧, 어리석은 메기 같으니라고. 너는 하나만 알지 둘은 모르는구나. 내가 아무리 열심히 소금을 거두어들인다 해도 이 바다가 소금으로 가득찰 일은 절대 없느니라."

"어찌하여 그렇사옵니까?"

"소금은 나트륨(Na)과 염소(Cl)라는 두 가지 성분으로 이루어져 있느니라. 이 두 가지 성분은 계속해서 쌓이지 않고 그 일부가 지속적으로 없어지지. 다른 물질과 결합해서 진흙처럼 변해 가라앉기도 하느니라. 그러니 메기 네가 걱정하는 일은 생기지 않을 게야."

용왕님의 설명에도 메기는 굽히지 않고 말했습니다.

"하오나 용왕마마, 냇물이나 빗물들이 갖고 있는 소금 성분은 아주 적질 않습니까? 그들에게서 그것마저 빼앗아 온다는 건 너무 야박하신 일이라고 생각되옵니다만……."

메기의 말을 들은 용왕님은 불같이 화를 냈습니다.

"내가 그토록 알아듣게끔 설명을 해 주었는데도 감히 내게 계속 반발을 하느냐?"

용왕님은 화가 머리끝까지 나서 메기를 강으로 내쫓아 버렸습니다.

그 후론 아무도 용왕님에게 소금을 그만 거두어들이라고 말하지 못했습니다. 메기도 바다에서는 살지 못하게 되었고요. 지금도 욕심 많은 용왕님은 계속해서 소금을 바다로 끌어들이고 있답니다.

궁금증 해결

강물이 바닷물로 흘러가는데 왜 바닷물만 짤까요?

사람이 목이 말라 갈증을 느낄 때 바닷물을 마시면 오히려 더 심한 갈증을 느끼게 된답니다. 바닷물은 우리 몸의 세포 속에 있는 물보다 더 짜기 때문에 세포에 물을 공급하기보다는 세포 속에 있던 물까지 세포 밖으로 흘러나오게 하기 때문이에요.

그렇다면 바닷물은 언제부터, 왜 짜졌을까요? 학자들이 추측한 바에 의하면 다음과 같은 이유 때문이래요. 지구가 탄생하고 난 뒤 바다가 생겼을 때 염산 성분을 가진 가스가 지구 내부에서 뿜어져 나왔어요. 그런 다음, 지구가 식으면서 바닷물이 염산 성분을 띠게 되었어요. 이 염산 물이 주위에 있는 암석으로부터 나트륨, 칼륨 따위를 녹여 염분을 만들어 내었답니다.

또 다른 이유도 있답니다. 비가 내리면서 빗물이 땅의 소금 성분을 녹여 강물을 통해 바다로 흘려 보내기 때문이죠.

그럼 빗물과 강물은 짜지 않은데 바닷물이 짠 이유는 무엇일까요? 빗물이나 강물에 들어 있는 소금기는 아주 약하기 때문에 우리가 느끼지 못한다고 해요. 그렇게 미세한 양의 소금기라도 모든 강물이 합해지면 소금의 양이 꽤 많아져 바닷물이 짠 것이랍니다.

놀라운 상식 백과

바다에는 얼마나 많은 자원이 있을까요?

바다는 약 40억 년 전 지구가 생성된 직후에 생겨난 것으로 알려져 있어요. 바다의 넓이는 지구 표면의 70%나 되고 평균 깊이는 4,000m나 된다고 해요.

바닷속에는 여러 가지 물질이 쌓여 있는데 그 중 84%가 소금이고 마그네슘이 2조t, 알루미늄이 150억t, 구리와 우라늄이 각각 45억t, 은 4억 5,000t, 수은 4,500t, 금 600만t이랍니다. 그 외에 바닷속에는 사람들이 귀하게 여기는 금도 있다고 해요. 물론 아주 적은 양이지만요.

바다가 푸르게 또는 초록색으로 보이는 까닭은 무엇일까요?

바닷물을 그릇에 담아 가만히 들여다보세요. 파란색도 아니고 초록색도 아니죠? 그런데 바닷물이 푸르게 보이는 것은 무엇 때문일까요? 그것은 바닷속에 들어간 햇빛의 일부가 물의 분자나 바닷물 속에 있는 입자에 부딪혔다가 흩어져 다시 나오기 때문이에요. 흩어진 빛은 초록빛이나 푸른빛의 짧은 파장이기 때문에 바다가 푸르게 보이는 것이랍니다.

🍂 강과 바다

바람이를 찾아서

평화로운 바다 마을에 따사로운 햇살이 환하게 비추고 있었습니다. 모두들 한가로이 낮잠을 즐기는데 파도는 불안한 얼굴빛으로 여기저기를 둘러보고 있었습니다. 바람이 또 없어졌기 때문입니다.

"바람아, 바람아!"

파도는 목이 쉬도록 바람이를 부르며 찾아다녔지만 어디에도 바람이의 흔적은 보이질 않았습니다.

파도는 해에게 물었습니다.

"우리 바람이 못 봤니?"

"저 산 너머로 놀러 갔겠죠. 바람이 다니는 곳을 누가 알 수 있겠어요."

해의 말을 들은 파도는 밤이 늦도록 기다려 봤지만 바람이는 돌아오지 않았습니다.

파도는 이번엔 달에게 물었습니다.

"혹시 우리 바람이 어디 갔는지 아니?"

"강 너머에서 친구들 만나서 놀다가 잠들었겠죠."

달의 말에 파도가 슬픈 얼굴이 되자, 옆에 있던 별이 파도를 위로했습니다.

"내일쯤이면 돌아올 거예요. 너무 걱정 마세요. 어린 애도 아닌걸요, 뭐……."

파도는 바람이의 누나입니다. 그런데 바람이는 툭하면 누나에게 말도 없이 집을 나가 어디론가 떠돌다가 돌아오곤 했습니다. 아주 지쳐서 말이에요.

파도 누나가 아무리 달래도 바람이의 버릇은 고쳐지지 않았습니다.

그래서 파도의 이웃들은 바람이가 하는 대로 그냥 여행을 다니게 내버려 두라고 했지만, 파도는 마음 편히 있을 수가 없었습니다.

그렇게 돌아다니다가 천둥이나 번개를 만나 크게 다치기라도 할까 봐 늘 조바심이 났던 것이죠.

그 날 밤도 파도는 바람이가 돌아오기를 기다리며 뜬

눈으로 지새웠습니다.

 다음 날 아침, 바람은 파도가 염려했던 대로 힘없이 축 늘어져 돌아왔습니다.

 "바람아, 왜 그래? 어디 다치기라도 했니?"

 "아니야, 누나. 너무 멀리 나갔다가 돌아왔더니 힘들어서 그래."

 파도 누나는 땅이 꺼져라 한숨을 푹 내쉬며 말했습니다.

 "이 근처에서만 놀면 되잖아. 왜 그렇게 먼 곳까지 돌아다니는 거니?"

 "그건 나도 어쩔 수가 없어. 그냥 한번 나서면 멀리까지 내쳐 가게 되거든."

 "누나 생각을 해서라도 가까운 데서 놀아, 응?"

"알았어, 누나. 노력해 볼게. 그렇게 멀리 갔다가 돌아올 때는 나도 숨이 차거든."

파도는 바람이가 전과 달리 많이 약해졌다고 생각했습니다. 전에는 멀리까지 다니는 것이 너무나 재미있다고 했거든요. 이번에는 바람이 어려운 일을 많이 겪긴 겪었나 봅니다.

그 일이 있은 후로 정말 바람은 멀리 나가지 않고 파도 주위에서만 돌아다니며 지냈습니다. 파도는 이제 한시름 놓았다고 오랜만에 활짝 웃음을 지었지요.

하지만 해와 달, 별 같은 이웃들은 파도가 없을 때 이런 이야기들을 나누었습니다.

"파도 누나가 참 안됐어. 바람은 또 어디론가 가고 말 텐데."

"바람은 제자리에 머물지 못하도록 타고났는걸 뭐."
"파도 누나가 또 실망할 일이 걱정이야."

 해, 달, 별의 말이 맞았을까요. 얼마 뒤 바람이는 또 사라졌습니다. 파도 누나는 아무 말도 하지 않은 채 바위에 걸터앉아 있었습니다. 금방이라도 눈물을 흘릴 것처럼 눈에는 눈물이 한가득 고여 있었습니다.

 그러다가 무엇인가 굳은 결심을 한 듯이 바닷속으로 깊이 들어갔습니다. 파도는 여러 물고기 떼들과 해초들을 지나 깊이깊이 헤엄쳐 나갔습니다. 바다는 깊이 들어갈수록 더욱 푸른 빛깔과 아름다운 자태를 뽐내고 있었습니다.

 드디어 용궁 앞에 다다른 파도는 용왕님을 만나기를 청했습니다. 용왕님은 파도를 불러들였습니다.

"이렇게 먼길까지 나를 만나러 오다니 무슨 일이 있느냐?"
"간곡한 부탁이 있어 이렇게 찾아뵈었습니다."
파도는 동생 바람이의 이야기를 용왕님께 했습니다.
"제게는 하나뿐인 동생입니다."

"어허, 그건 내가 다스릴 수 있는 소관이 아닌걸."
"예, 알고 있습니다. 부탁 드리려는 것은 바람이에 관한 것이 아니고 저에 관한 것입니다."
파도는 머리를 조아리며 말했습니다.
"파도 너 말이냐?"
"예, 그렇습니다. 제 동생을 고칠 수 없다면 제가 달라지는 수밖에 없질 않겠습니까. 지금처럼 한 자리에서 움직이기만 해서는 동생을 지킬 수가 없습니다."
"그럼, 어떻게 해 달라는 말이냐?"
"제게 동생 바람이를 쫓아다닐 수 있는 힘을 주십시오. 부탁드립니다."
"글쎄, 그건 어려운 일이야."
용왕님은 고개를 갸웃거렸습니다.
"제발 부탁드립니다. 제 동생을 살리는 길은 그것뿐이에요."
파도의 간곡함에 용왕님도 두 손을 들고 말았습니다.
"정 그렇다면 어쩔 수 없지. 앞으로는 바람이 부는 곳

을 따라 움직이도록 해 주마. 바람이 약하게 불면 너는 잔잔한 물결이 될 것이고, 바람이 세어지면 거친 풍랑이 될 것이다."

"고맙습니다, 용왕님."

"단, 네가 해야 할 일이 있느니라. 너는 움직일 때마다 바닷속의 모래나 자갈들을 함께 데리고 다니며 필요한 곳에 내려 주어야 하느니라."

"예, 꼭 그렇게 하겠습니다, 용왕님."

파도는 용왕님께 몇 번이고 인사를 하고 용궁을 빠져 나왔습니다. 그리고는 그 길로 동생 바람이를 찾아 나섰습니다.

여기저기를 찾아 헤매던 파도는 산 너머 바닷가에 있는 바람이를 볼 수 있었습니다.

"아니, 누나가 여기를 어떻게 왔어."

바람이는 귀신이라도 만난 것처럼 깜짝 놀랐습니다.

"바람아, 난 이제 너와 늘 함께 다닐 수 있게 됐어."

자초지종을 들은 바람이는 눈물을 흘렸습니다.

그 날 이후부터 바람이 어디를 가든지 파도가 함께 다니게 된 것은 물론이고, 바람은 파도 누나가 지켜 주어 더 멀리 더 맘껏 여행을 다닐 수 있게 되었다고 합니다.

바다에는 왜 파도가 칠까요?

바다에 가 보면 바람 부는 날에는 파도가 심하게 치고 바람이 없는 날에는 바다가 잔잔한 것을 볼 수 있어요. 그것만 봐도 바다에 파도가 치는 것은 바람이 불기 때문이라는 것을 알 수 있어요. 하지만 바람 외에 지진 때문에 파도가 치기도 해요.

바람이 불어서 생기는 파도를 '풍랑' 이라고 해요. 풍랑은 처음엔 수면과 닿아 있는 공기가 움직이면서 수면이 일렁이다가 바람이 세질수록 차츰 크게 진행되어 파도가 됩니다.

잔물결은 바람과 바다 표면이 서로 마찰할 때 생기는 힘이 해수의 표면에서 바닷물이 끌어당기는 힘보다 세졌을 때 생깁니다. 그러나 처음의 잔물결은 아주 작아 물결 사이의 간격이 불과 2㎝밖에 안 됩니다. 그러다가 바람이 세지면 그 간격이 1초마다 1~2m 이상이 되면서 물결도 거세지고 높이도 점점 높아지는 것이죠.

바람 외에 지진으로 생기는 파도는 '해일' 이라고 합니다. 해일은 파장이 수백 ㎞나 되는 아주 큰 것으로, 태풍이나 만조에 겹쳐지면 극심한 피해를 주기도 하죠. 그 속도 역시 일본과 미국 사이의 태평양을 10시간이면 건너갈 수 있을 정도로 빠르다고 합니다.

태풍의 눈이란 무엇일까요?

태풍의 눈이란 태풍 중심부의 10여 km 안에 비교적 조용한 기상 현상이 나타나는 부분을 말합니다. 태풍이 불 때 중심에 가까울수록 원심력이 세어지기 때문에 이 부분은 바람이 약하게 분답니다. 이 부분은 지상에서는 맑은 하늘로 보이고, 우주에서는 깔때기 모양으로 보인다고 합니다.

태풍의 이름은 어떻게 붙일까요?

태풍의 이름은 기상학자들이 붙인답니다. 매년 열리는 기상학자들의 회의에서 알파벳 순서로 명단을 만들어서, 여자 이름과 남자 이름을 번갈아 쓰는 것이죠.

1978년 전까지는 여성의 이름만 사용했는데 여성들의 반대로 그 후부터는 남, 녀로 번갈아 쓴답니다.

또 태풍의 명단은 5년마다 다시 쓰게 됩니다. 단, 아주 큰 피해를 입힌 태풍들의 이름은 다시 쓰지 않는답니다. 또 커다란 피해를 입게 될까 봐 겁이 나서겠죠.

강과 바다

헤어진 쌍둥이 형제

어느 날 달은 바다를 내려다보았습니다. 바다에서는 쌍둥이 형제 밀물과 썰물이 싸움을 벌이고 있었습니다.

툭탁툭탁, 쏴아쏴아.

"내가 이 쪽으로 갈 거야."

"아니, 내가 먼저 맡았는걸."

"내가 더 힘이 세."

"무슨 소리. 내 높이를 보라고."

밀물이와 썰물이는 바다를 돌볼 생각은 하지 않고 그저 싸우기만 했습니다.

달은 생각했습니다.

'가서 좀 타일러 봐야겠군.'

"밀물이와 썰물이는 들어라. 나는 하늘의 달이다. 내 너희들을 유심히 보니 이만저만 싸우는 것이 아니더구나. 바다를 지켜야 할 너희들이 자신의 본분은 잊고 싸움만 일삼다니. 앞으로는 이런 일이 없도록 주의하여라."

밀물이와 썰물이는 고개를 숙였습니다. 그리고 며칠 동안은 잠잠했습니다. 하지만 서로 조금도 양보하지 않다 보니 싸움이 나지 않을 수 없었습니다.

"글쎄, 이 쪽으로 가야 한다니까."

"말도 안 되는 소리 말라고. 당연히 저 쪽이지."

"너는 왜 늘 네 멋대로니?"

"누가 할 소리, 너랑 같이 다니기가 얼마나 힘든 줄 알아?"

밀물이와 썰물이는 철썩대며 싸웠습니다.

"이게 또 무슨 소리지?"

둘이 싸우는 소리에 곤히 낮잠을 자던 달이 잠을 깼습니다.

"어허, 내 그렇게 충고를 했는데도 말을 안 듣고, 싸움을 해?"

달은 불같이 화를 냈습니다.

"이제 더 이상은 너희를 그대로 둘 수가 없겠구나. 너희 둘을 영원히 만나지 못하게 해 주마."

달은 바닷물을 끌어당겨, 밀물은 바다에서 육지 쪽으로 밀려들어오게 하고, 썰물은 육지에서 바다 쪽으로 빠져 나가도록 했습니다.

이제 밀물과 썰물은 늘 반대 방향으로 흘러갈 수밖에 없었죠.

"거 참, 잘 됐다. 벌을 받을 줄 알았는데 상을 받은 기분인걸."

"아유, 속 시원해. 이제 혼자서 내 맘대로 살 수 있겠

구나."

밀물과 썰물은 싸울 일이 없어졌다며 좋아했습니다.

하지만 하루 이틀 시간이 지날수록 밀물과 썰물 모두 서로가 그리워졌습니다.

"혼자는 참 외롭고 쓸쓸하구나."

"이렇게 심심할 줄 알았으면 사이좋게 함께 다니는 건데……."

밀물이와 썰물이는 깊게 후회했지만 아무 소용이 없었습니다.

궁금증 해결

밀물, 썰물은 왜 생길까요?

　바다에서 밀려들어오는 바닷물을 밀물이라고 하고, 바다 쪽으로 빠져 나가는 바닷물을 썰물이라고 하죠. 밀물과 썰물은 달이 바닷물을 끌어당기는 인력 때문에 생깁니다.

　또 원을 그리며 도는 물체가 밖으로 달아나지 않도록 안으로 잡아당기는 힘, 다시 말해 구심력에 의해서도 생기지요. 지구와 달 사이에는 서로를 잡아당기는 힘이 작용하는데 달과 가까운 곳엔 인력이 강하게, 먼 곳엔 인력이 약하게 작용해서 밀물과 썰물이 생기는 것이랍니다.

　다시 말해, 달을 향한 쪽의 바다 표면은 원심력보다는 달의 인력이 훨씬 더 강하기 때문에 바닷물이 끌려나가 밀물이 되고, 반대쪽은 지구의 원심력이 달의 인력보다도 강하기 때문에 바닷물이 밀려들어와 밀물이 되는 것이죠. 물론 밀물이 생기는 곳의 반대 부분은 바닷물이 줄어 썰물이 되는 것이고요.

　밀물과 썰물은 하루에 두 번 일어납니다. 정확히 24시간 50분의 시간을 사이에 두고 밀물이 두 번, 썰물이 두 번 되풀이되죠. 밀물과 썰물 때의 수면의 높이는 매일 조금씩 다르게 나타납니다.

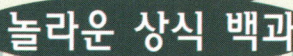

동해에는 왜 밀물과 썰물이 없을까요?

밀물이 되어서 바닷물이 가장 높아졌을 때를 만조, 썰물이 되어서 바닷물이 가장 낮아졌을 때를 간조라고 합니다. 만조와 간조 사이의 수면 높이의 사이를 간만의 차라고 하고요.

서해안은 조수 간만의 차가 크고 동해안은 조수 간만의 차가 작습니다. 그 차이를 비교해 보면, 남해안은 2~3m, 서해안은 5~8m인 데 비해 동해안은 20~30cm밖에 되질 않습니다. 이처럼 동해안과 서해안의 조수 간만에 차이가 있는 것은 동해와 서해의 깊이가 다르기 때문입니다.

동해안의 평균 수심은 약 1,500m인 데 비해 서해안은 약 44m에 지나지 않습니다. 따라서 같은 양의 바닷물이 밀려오면 당연히 수심이 얕은 서해안의 해수면이 더 높아지는 것입니다. 서해안은 위쪽이 육지로 막혀 있으니까 해수면이 금방 높아지기도 하지요. 또 서해안은 경사가 매우 완만하기 때문에 바닷물이 멀리까지 빠지게 되니까 물이 밀려나간 것을 볼 수 있는 것이랍니다.

반면에 동해안은 아래쪽과 위쪽이 모두 깊고 태평양과 연결되어 있어서 바닷물이 밀려들어와도 빠져 나갈 수 있기 때문에 밀물, 썰물을 보기 어려운 것이랍니다.

씽크탱크 방파제에는 왜 삼각형의 뾰죽한 돌들을 쌓아 놓을까요?

바다에 나가 낚시하기를 좋아하는 임금님이 있었어요. 임금님은 워낙 바다 낚시를 즐겼기 때문에 비 오는 날이나 파도 치는 날에도 바다로 나가려고만 했답니다.

어느 날, 한 신하가 말했어요.

"폐하, 이 곳은 파도가 너무 심해서 배를 띄웠다가는 뒤집어질 수도 있사옵니다."

신하의 말을 들은 임금님은 당장 방파제를 세우라고 명령했어요. 많은 사람들이 동원되어 파도를 막을 수 있는 방파제를 세웠죠.

임금님은 기뻐하며 바다로 나갔어요. 위풍당당하게 배에 오른 임금님은 큰 소리로 외쳤죠.

"좋아, 출항하라."

그런데 이게 어찌 된 일이죠? 바다로 나가려던 임금님 앞을 턱하니 가로막고 있는 것이 있었으니 그것은 바로 방파제였어요. 글쎄 신하들이 너무 열심히 방파제를 쌓다가 둥그렇게 쌓아 놓았지 뭐예요. 배가 나갈 수도 없게 말이에요.

보통 방파제를 쌓을 때는 콘크리트 벽을 세우고 바깥쪽에 큰 돌이나 삼각형의 뾰죽한 돌들을 쌓아 놓아요. 그 이유는 파도가 심하게 치면서 콘크리트 벽을 무너뜨릴 수 있기 때문이랍니다.

🌟 별자리를 찾아서

토순이와 별자리

"엄마, 답답해."

토순이가 엄마에게 떼를 쓰기 시작합니다.

절벽에서 굴러 다리를 다친 후로 토순이는 자주 엄마에게 보챘습니다.

"밖에 나가요, 엄마."

"지금은 밤이야. 밖에 나가면 무서운 호랑이가 나타날지도 몰라. 그래도 나갈래?"

호랑이라는 말에 놀라 토순이가 움찔했습니다. 그러나 그것도 잠시, 토순이가 또 졸라 댑니다. 할 수 없이 엄마는 토순이를 업고 밖으로 나옵니다.

밖은 온통 어둡고 고요했습니다. 그래서인지 하늘의

별은 다른 때보다 훨씬 더 반짝이는 듯했습니다.
"엄마, 오늘은 별이 더 밝은 것 같아요."
"날씨가 맑고 달이 없어서 그래. 별은 오늘같이 맑고 달이 뜨지 않은 날에 더 잘 보인단다."
엄마 등에 업힌 토순이가 하늘을 올려다봅니다.
여름 밤하늘의 동쪽에서 북쪽으로 이어진 은하수는 마치 우유를 뿌려 놓은 것처럼 하얗게 이어져 있고, 군데군데 아주 밝게 빛나는 별과 그 주변으로 은은하게 빛나는 별들이 보석처럼 빛나고 있습니다.
"엄마, 별은 낮에는 어디로 가는 거예요?"
하늘을 올려다보던 토순이가 묻습니다.
"호호호. 토순아, 낮에 별이 보이지 않는다고 해서 그 별들이 어디로 가는 건 아니란다."
"그럼, 낮에도 별들이 하늘에 떠 있단 말예요?"
"맞아. 우리 눈에 보이는 저 별들은 태양처럼 스스로 빛을 내는 붙박이별들이라 낮에도 하늘에 떠 있단다."
"그런데 왜 보이지 않는 거예요?"
토순이가 엄마의 어깨를 꼭 잡으며 물었습니다.
"태양 때문이지. 태양 빛이 너무 강해서 우리 눈이 별빛을 볼 수 없는 거란다."

　그제야 토순이는 별들이 낮에 보이지 않는 이유를 알 것 같았습니다. 그런데 또 궁금한 게 생겼습니다.
"엄마, 별들은 왜 반짝거려요?"
"으응, 별들이 스스로 반짝거리는 건 아니란다. 우리가 마시는 공기는 바람에 따라 움직이는데, 바람이 불게 되면 어떤 곳에는 공기가 많이 모여서 밀도가 높아지고, 또 어떤 곳에는 공기가 거의 없어서 밀도가 낮아진단다. 그러면 빛이 흩어졌다 모였다 하기 때문에 우리 눈에 별이 반짝거리는 것처럼 보이는 거지."
설명을 듣고 난 토순이가 밝은 목소리로 말합니다.
"엄마, 저 별 하나만 따 주세요."
"별을 따 달라고? 토순아, 별은 딸 수 없는 거야."
"싫어! 따 줘요. 난 별을 꼭 갖고 싶단 말예요."
토순이가 발을 버둥거리며 떼를 씁니다.
"토순아, 그러지 말고 저기를 좀 보렴."

엄마가 손가락으로 남쪽 하늘을 가리킵니다.
"저 중에서 눈에 띄는 별들을 골라 선을 그어 보렴."
토순이는 엄마가 시키는 대로 해 봅니다.
"엄마, 이상한 게 보여요. 꼭 뱀 같아요."
"어디, 다시 한 번 그어 보렴."
그러자 토순이가 손가락으로 별과 별을 이어 봅니다.
"음, 우리 토순이가 전갈자리 별들과 천칭자리 별들을 이었구나."
"전갈자리는 뭐고, 천칭자리는 뭐예요?"
"우리가 맨눈으로 볼 수 있는 밤하늘의 별은 약 3천여 개 정도가 된단다. 이 3천여 개의 별들 중에서 몇 개씩을 선으로 잇거나 묶으면 특별한 모양을 가지게 되는데, 이걸 별자리라고 하지. 별자리 중에는 사람이나 동물을 나타내는 것이 많단다."
엄마는 여러 별자리에 대해 이야기를 해 줍니다.
백조자리, 페가수스자리, 궁수자리, 견우성과 직녀성, 북극성과 작은곰자리 등 별자리 이야기는 정말 재미있는 것들이 많았습니다.
"토순아, 저 별들은 서로 모여서 저마다의 이야기를 가지고 있는데, 네가 그 별들 중 하나를 가져가 버리

면 별들은 이야기를 잃어버리게 될 거야."

엄마가 뒤를 돌아보며 말하자 토순이는 고개를 끄덕입니다. 그러다가 곧 큰 소리로 말합니다.

"어? 엄마 눈 속에 별이 들어 있네!"

"우리 토순이 눈 속에도 반짝이는 별들이 많은걸."

"와, 신난다! 그럼 나는 별 대장이네."

토순이가 환호성을 지르며 두 팔을 쭉 뻗습니다.

토순이는 밤하늘에 뜬 별들을 가슴 속에 모두 품은 것 같아 기분이 무척 좋았습니다.

궁금증 해결

별자리는 언제 어떻게 만들어졌나요?

별자리란, 하늘의 별들을 찾아 내기 쉽게 몇 개씩 이어서 그 형태에 동물, 물건, 신화 속 인물 등의 이름을 붙여 놓은 것이에요.

현재 세계적으로 인정된 별자리는 88개가 있는데, 이는 국제 천문 연맹이 공인한 것이지요.

별자리는 본래 약 5000년 전 바빌로니아 지역에 해당하는 티그리스 강과 유프라테스 강 유역에서 살던 사람들이 만들기 시작했다고 해요.

이들은 주로 양을 치며 살았는데, 양 떼를 지키면서 밤하늘의 별들을 보다가 여러 가지 형태의 별자리를 만들어 낸 거예요.

기원전 3000년경에 만든 이 지역의 표석에는 양·황소·쌍둥이·게·사자·처녀·천칭·전갈·궁수·염소·물병·물고기자리 등 태양과 행성이 지나는 길목인 황도를 따라 배치된 12개의 별자리가 기록되어 있다고 합니다. 즉, 황도 12궁을 포함한 20여 개의 별자리가 기록되어 있습니다.

이후 고대 이집트에서도 기원전 3000년경에 43개의 별자리가 있었으며, 2세기경 프톨레마이오스가 쓴 《알마게스트》에는 북반구의 별자리를 중심으로 48개의 별자리가 실려 있습니다.

놀라운 상식 백과

별자리는 날마다 달라지나요?

지구 위의 한 장소에서 밤하늘을 보면, 시간이 지남에 따라 별자리의 위치도 달라져요. 이는 지구가 자전하기 때문이에요.

지구가 제자리에서 한 바퀴를 도는 데는 약 24시간이 걸립니다. 따라서 어제 보았던 별자리를 똑같은 형태로 보기 위해서는 24시간이 필요하지요. 정확하게 이 시간은 하루에 3분 56초씩 빨라진다고 합니다.

별자리는 계절마다 달라지나요?

우리 나라에서는 여름철과 겨울철에 볼 수 있는 별자리들이 서로 다릅니다. 이는 지구가 태양 주위를 1년에 한 바퀴씩 돌기 때문입니다. 특히 우리 나라는 북반구 중간쯤에 위치하고 있어서 1년 내내 볼 수 있는 별자리와 각 계절에만 볼 수 있는 별자리들이 따로 있습니다. 1년 내내 볼 수 있는 별자리는 주로 북극 근처의 별들로 카시오페이아·기린·살쾡이·큰곰·작은곰·용·세페우스자리 등이 있습니다. 이런 별들을 주극성이라고 하지요.

그 중 가장 중심이 되는 것은 북극성으로 우리 나라에서는 언제나 같은 모습을 볼 수 있습니다.

4학년이 꼭 읽어야 할 26가지 과학 이야기

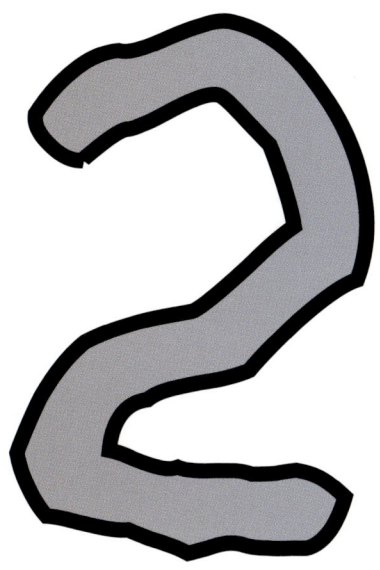

- 신령님의 선물
- 수탉이 되고 싶은 꼬꼬
- 사자가 제일 무서워하는 것은?
- 소설가 거북의 '공룡과 은행나무의 사랑'
- 깡충이의 요술 상자
- 이리 형제의 얼음집
- 참새들의 고무줄놀이
- 엉뚱한 생일 선물
- 꾀쟁이 물장수
- 냄비와 뚝배기

🍂 동물의 생김새

신령님의 선물

　천 년 동안 낮잠을 자고 방금 일어난 신령님이 힘껏 기지개를 켰습니다.
　"아~함, 잘 잤다."
　신령님은 주변을 둘러보았습니다. 푸른 나무와 꽃들이 흐드러지게 피어 있는 산과 들은 여전했습니다.
　그 때 숲 저 쪽에서 멧돼지와 사슴이 후닥닥 달려오고 있었습니다. 신령님은 멧돼지와 사슴이 인사를 할 줄 알고 빙그레 웃으며 기다렸습니다. 그런데 멧돼지와 사슴은 신령님 앞을 그냥 휙 지나가 버렸습니다.
　"아니, 저 녀석들이……!"
　기분이 언짢아진 신령님은 천둥 같은 호령으로 멧돼

지와 사슴을 불러 세웠습니다.

"이놈들! 거기 섰거라!"

"네? 저희들요?"

"그래. 여기 너희들말고 누가 또 있느냐?"

백발이 성성하고 긴 수염에 호랑이 눈썹을 한 신령님의 모습에 기가 죽은 멧돼지와 사슴이 슬금슬금 눈치를 보며 다가왔습니다.

"너희들, 나를 모르느냐?"

"누, 누구세요?"

멧돼지와 사슴이 서로 바라보며 물었습니다.

"나야, 신령님! 너희들이 잘 사는지 못 사는지 늘 지켜 보면서 어려운 일을 해결해 주던 자연계의 해결사, 신령님이라고!"

"에이, 농담도 잘 하셔. 저희는 그런 분 몰라요."

멧돼지가 싱글벙글 웃으며 말했습니다.

"뭐야? 이 녀석들이 보자보자 하니까……."

화가 난 신령님은 지팡이로 멧돼지의 머리를 콩콩 쥐어박았습니다.

"아얏! 왜 때려요? 할아버지는 생전 처음 보는 사람이 길을 막고 서 있으면 무작정 인사를 하시나요?"

멧돼지가 볼멘 소리로 불만을 털어놓았습니다.

그러자 신령님은 다시 한 번 지팡이를 휘두르려다 멈칫하더니 생각에 잠겼습니다.

'내가 너무 오랫동안 잠을 자서 이 녀석들이 날 알아보지 못하는구나.'

생각이 여기에 미치자 신령님은 괜히 미안한 마음이 들었습니다. 그래서 신령님은 멧돼지와 사슴에게 선물을 주어야겠다고 생각했습니다.

"오호, 미안하다. 내가 잠을 너무 오래 잤나 보구나. 사과하는 의미로 너희에게 선물을 하나씩 주마."

신령님이 소맷자락을 뒤적였습니다.

"먼저, 사슴한테는 이걸 주마."

신령님이 꺼내 놓은 것은 부챗살처럼 넓은 물갈퀴였습니다.

"이게 뭐예요?"

"음, 이건 물갈퀴라고 하는 거야. 물에 들어가 헤엄을 칠 때 매우 편리하지. 한꺼번에 많은 양의 물을 저을 수 있어서 빠르게 헤엄칠 수 있거든."

신령님은 물갈퀴로 물을 젓는 시늉을 하면서 자랑스럽게 말했습니다. 하지만 사슴은 고개를 갸웃거리며 거

절했습니다.

"그건 물에서 놀기 좋아하는 오리에게나 주세요."

"왜? 이게 마음에 안 드니?"

"신령님, 저는 사슴이에요. 육지에서 풀을 먹으며 살아가는 동물이라고요. 그런 저한테 물에서 사는 동물들이나 좋아하

는 물갈퀴가 무슨 소용이 있겠어요?"

 듣고 보니 사슴 말이 맞았습니다. 신령님은 다시 소맷자락을 뒤적여 다른 선물을 꺼냈습니다.

 "이건 어떠냐?"

 신령님은 이번엔 흰색 깃털을 꺼내 놓았습니다.

 "신령님, 깃털은 하늘을 나는 새들에게 필요한 거잖아요. 공기의 저항을 통해 땅 위에서 떠오르는 힘을 만들려면 가볍고 큰 날개가 필요하거든요. 그런 날개를 이루는 게 바로 이런 깃털이라고요."

 이번에도 역시 사슴의 말이 옳았습니다. 하늘을 나는 동물들은 날개가 있고, 땅에 내려앉을 때 쓰는 다리도 있었습니다. 거기에다 몸을 가볍게 하기 위해 뼛속은 비어 있었지요.

 "그럼, 이 지느러미는 어떠냐? 원하면 비늘도 줄 수 있는데……."

 "아이 참, 지느러미는 물 속에서 사는 동물들한테나 어울리죠. 물고기들은 헤엄치기 좋도록 몸이 유선형이고, 아가미가 있어서 물 속에서도 숨을 쉬며, 지느러미로 빠르게 움직이거나 방향을 바꾸잖아요."

 사슴이 차근차근 설명하자 난처해진 신령님은 괜히

헛기침을 했습니다. 이 때 멧돼지가 말을 이었습니다.

"저희는 땅 위에서 살아요. 그래서 땅 위를 달리기 편하도록 가늘고 긴 다리가 있고, 딱딱한 땅바닥에 잘 견디도록 두꺼운 발톱도 있지요. 또, 몸의 균형을 잡기 위한 꼬리와 추위를 이기기 위한 털도 있어요."

멧돼지의 말을 듣고 있던 사슴이 쭉 뻗은 다리로 껑충껑충 뛰어오르며 자신의 모습을 뽐냈습니다.

"그, 그럼, 너희들이 필요한 게 뭔지 말해 보아라."

신령님은 아예 포기한 듯 말했습니다.

"저는 멋있는 뿔을 갖고 싶어요!"

"저는 튼튼한 송곳니요!"

멧돼지와 사슴이 갖고 싶은 것을 말하자, 신령님은 지팡이를 휘둘러 멧돼지에게는 긴 송곳니를, 사슴에게는 왕관처럼 멋진 뿔을 달아 주었습니다.

이 소식을 들은 다른 동물들이 신령님을 찾아왔습니다. 그러나 신령님은 어디론가 사라지고 없었습니다. 동물들은 신령님이 낮잠을 자러 간 것으로 생각했지만 사실 신령님은 깊은 산 속으로 공부를 하러 간 것이었습니다. 아무래도 사슴이나 멧돼지보다 아는 게 적다는 것에 무척 자존심이 상한 모양이었습니다.

동물들은 왜 서로 다른 모양을 하고 있나요?

우리 주변에는 많은 동물들이 있습니다. 가축, 곤충, 새, 파충류, 양서류 등등 동물들로 가득 찼다고도 할 수 있지요.

그런데 동물들의 모양은 왜 서로 다를까요? 이것은 동물들이 오랜 시간 동안 살아오면서 자신이 생활하기에 적합한 모양으로 진화해 왔기 때문입니다.

물 속에 사는 동물들이 아가미를 가지고 있는 것은 물 속에서 숨을 쉬기 위해서이고, 새들이 날개를 가지고 있는 것은 하늘을 날기 위해서입니다. 동물들이 꼬리를 가지고 있는 것은 몸의 균형을 잡기 위해서입니다.

이렇게 동물들은 자신이 살고 있는 곳의 환경에 따라 필요한 부분은 발전을 시키고, 쓸모 없는 부분은 버림으로써 가장 좋은 조건을 갖추게 된 것입니다.

그러므로 우리들의 눈에는 이상하게 보이는 것도 동물들에게는 꼭 필요한 것이랍니다.

동물들에게 영향을 주는 것은 어떤 것들이 있나요?

철새들은 계절에 따라 장소를 옮기며 살아갑니다. 개구리는 여름에는 활발히 활동을 하다가 겨울이 되면 잠을 자러 땅 속으로 들어가지요. 이것은 동물들이 온도에 많은 영향을 받기 때문입니다.

온도는 동물들에게 큰 영향을 줍니다. 열대 지방의 동물들과 북극 지방의 동물들이 다른 모습을 하고 있는 것도 온도의 영향 때문이지요.

물고기는 아가미를 가지고 있고, 물 밖에서 사는 동물들은 폐를 가지고 있지요. 이것은 동물들이 산소의 영향을 받기 때문이지요. 동물들이 사는 곳의 위치에 따라 산소의 양은 크게 다르며, 산소가 존재하는 방식도 다릅니다. 따라서 동물들은 산소를 얻기에 적합한 모습으로 바뀌게 된 것이지요.

이 밖에도 동물들에게 영향을 주는 것은 매우 많습니다. 모든 동물은 이러한 영향을 받으면서 살아가지요.

동물의 암수

수탉이 되고 싶은 꼬꼬

꼬꼬는 암평아리입니다. 요즘 꼬꼬는 자신이 암평아리인 게 무척 못마땅합니다.

"나는 암평아리로 태어난 게 싫어."

앞마당을 거닐 때나 모이를 쪼아먹을 때나 친구들과 놀 때나 언제 어디서나 투덜거립니다.

보다 못한 엄마닭이 꼬꼬를 달래어 보았습니다.

"꼬꼬야, 암평아리가 뭐가 어떻다고 그러니?"

"저는 이다음에 크면 아빠처럼 되고 싶어요. 볏이랑 꼬리 깃털이 크고, 깃털도 화려한 수탉 말예요."

"꼬꼬야, 그… 그건 말이다……."

순간 당황한 엄마닭이 말을 잇지 못했습니다.

　엄마닭은 꼬꼬가 그런 생각을 가지고 있을 줄은 꿈에도 몰랐던 것입니다.
　엄마닭이 머뭇거리자 꼬꼬가 다시 말을 이었습니다.
　"엄마는 아빠보다 볏이랑 꼬리 깃털이 작잖아요. 깃털도 화려하지 않고요."
　"그래도 병아리일 때는 수평아리들이랑 별

차이가 없잖니. 안 그래?"

엄마닭이 어떻게든 이 상황을 모면해 보려고 애썼지만 소용 없는 일이었습니다.

"저도 알아요. 병아리일 때는 암수 구별이 잘 되지 않아서 모두 다 똑같아 보인다는 걸요. 하지만 조금 더 크면 확실히 달라 보이잖아요. 저는 몸집도 크고 늠름해 보이는 수탉이 되고 싶어요."

꼬꼬의 목소리가 점점 더 커졌습니다.

"음……."

엄마닭은 잠시 무언가를 생각하더니, 금세 꼬꼬의 머리를 쓰다듬으며 말했습니다.

"꼬꼬야, 네 말이 틀린 건 아니야. 우리 닭뿐만 아니라 대부분의 동물들은 암컷보다 수컷이 더 화려하단다. 동물의 왕인 사자도 수컷은 몸집도 크고, 머리 주변에 갈기털이 있어서 늠름해 보이는 반면, 암컷은 수컷보다 몸집도 작고, 머리 주변에 갈기털도 없지. 사슴도 암컷은 뿔이 없는데, 수컷은 뿔이 있어서 더 잘생겨 보인단다. 공작도 수컷이 암컷보다 훨씬 화려한 날개를 가지고 있지."

"그것 보세요, 모두 암컷보다 수컷이 낫잖아요."

하마터면 꼬꼬는 울음을 터뜨릴 뻔했습니다. 엄마마저 수컷이 더 잘났다고 하니 서러움이 복받친 것입니다.
이 때 엄마닭이 말을 이었습니다.
"꼬꼬야, 너는 하나만 알고 둘은 모르는구나."
"그게 무슨 말씀이세요?"
꼬꼬의 눈이 왕방울만해졌습니다.
"엄마, 빨리 말씀해 주세요, 네? 엄마."
꼬꼬는 마음이 급해서 자꾸 재촉했습니다.
"그건 말이지, 수컷 동물들은 모두 암컷 동물들에게 잘 보이기 위해 화려한 겉모습을 갖추고 있다는 거야. 돌아다니면서 잘 살펴보렴. 수컷들이 암컷들을 차지하기 위해 얼마나 몸치장을 하고, 갖은 애를 쓰는지 말이야. 아빠도 그랬단다. 호호호."
엄마닭은 부끄러운 듯 입을 가리고 웃었습니다.
"그게 정말이세요?"
"정말이고말고."
엄마닭이 고개를 끄덕였습니다.
엄마닭의 말을 듣고 난 꼬꼬는 마음이 좀 풀렸습니다. 하지만 여전히 수탉이 되고 싶다는 마음에는 변함이 없었습니다. 그래서 또다시 표정이 시무룩해졌습니다.

"꼬꼬야, 한 가지 더 있단다."
"암컷이 수컷보다 나은 점이 또 있다고요?"
"더 낫다는 게 아니라 수컷은 못 하고 암컷만 할 수 있는 일이 있다는 말이야."
"그게 뭔데요?"
꼬꼬가 엄마닭에게 바싹 다가서서 물었습니다. 그러자 엄마닭이 빙그레 미소지으며 대답했습니다.
"어른이 된 암컷 동물들은 새끼를 낳아 기른다는 거야. 이건 수컷 동물들이 흉내도 낼 수 없는 일이지."
"그게 정말이에요, 엄마?"
"그럼!"
꼬꼬는 엄마의 말을 확인해 보고 싶어서 곧장 돼지우리로 가 보았습니다.
때마침 돼지 아주머니가 새끼들에게 젖을 먹이고 있는 게 보였습니다.
"아주머니, 돼지도 암컷만 새끼를 낳을 수 있나요?"
"그럼. 새끼를 낳을 뿐만 아니라 젖을 먹여 기르는 것도 암퇘지가 한단다."
그러고 보니 옆에서 쿨쿨 자고 있는 돼지 아저씨에게는 젖이 없었습니다.

꼬꼬는 좀더 확인을 해 보려고 이리저리 돌아다녔습니다. 그런데 역시 엄마닭의 말이 맞았습니다.

개나 고양이나 사슴도 암컷에게만 젖이 나와 새끼를 기를 수 있게 되어 있었습니다.

"아하, 그렇구나! 이다음에 커서 알을 낳고, 새끼를 기르는 것도 꽤 자랑스럽고 뿌듯한 일인걸."

꼬꼬는 앞으로 더 이상 수탉이 되고 싶다는 생각을 하지 않기로 결심했답니다.

궁금증 해결

동물이 암수로 나누어져 있는 까닭은 무엇인가요?

고등 동물일수록 암컷과 수컷의 모양이나 특징이 뚜렷하게 나타납니다. 동물의 암컷에게는 난자, 수컷에게는 정자가 있습니다. 정자와 난자가 만나면 부모와 같은 새끼 동물이 태어나는 것이지요. 똑같은 종류의 동물이라 하더라도 정자와 난자가 만날 때 부모가 가진 특성을 물려받게 되므로 약간씩 다른 특성을 가진 후손이 태어나게 됩니다. 이 과정에서 후손들은 부모가 가진 결점을 보완하고 좀더 발전된 성질을 가질 수 있게 됩니다.

따라서 동물들이 암수로 나누어져 있는 것은 보다 훌륭한 후손을 남기기 위한 노력의 결과라고 할 수 있습니다. 그렇다고 모든 동물이 암수로 나누어져 있는 것은 아닙니다. 달팽이, 굴, 감성돔, 지렁이와 같은 동물들은 암컷과 수컷이 따로 있지 않습니다. 지렁이 같은 동물은 몸 속에 난소와 정소가 따로따로 있지요.

그렇다면 지렁이는 한 마리만 있으면 새끼를 낳을 수 있을까요?

물론 이론상으로는 가능합니다. 그러나 실제로는 난소나 정소가 따로 활동해서 새끼를 낳을 때면 암컷과 수컷의 역할을 하는 두 마리의 지렁이가 만난다고 합니다.

놀라운 상식 백과

미꾸라지의 암수는 어떻게 구별할까요?

미꾸라지는 생김새가 비슷해서 암컷과 수컷을 구별하기가 어려워요. 그러나 산란기 때가 되면 미꾸라지의 암수 구별이 가능하지요. 즉, 4월에서 7월경에 자세히 살펴보면 수컷 미꾸라지는 등 쪽에 불룩한 부분이 생겨납니다. 이와 반대로 암컷 미꾸라지는 배지느러미 위쪽에 작고 둥근, 약간 움푹한 곳이 보입니다. 다시 말해 수컷은 등 쪽에 불룩한 곳이 생기고, 암컷은 배 쪽에 움푹한 곳이 생길 때 미꾸라지의 암수 구별이 가능해지는 것입니다.

구애 행동이란 무엇일까요?

동물들은 후손을 남기기 위해 짝짓기를 해야 합니다. 즉, 구애 행동은 짝짓기를 하기 위해 상대방을 선택할 때 보이는 사랑의 행동을 말해요. 개구리, 매미, 귀뚜라미 등이 큰 소리로 울어 대는 행동, 수컷 공작이 예쁜 꽁지깃을 펼친 채 춤을 추는 행동, 악어가 몸을 부르르 떠는 행동, 큰가시고기가 춤을 추는 행동 등이 바로 구애 행동에 속하지요. 보통은 수컷이 유연한 몸놀림이나 아름다운 색깔을 띠고, 대담한 행동으로 암컷의 환심을 사기 위해 구애 행동을 많이 한답니다.

🍂 지층을 찾아서

사자가 제일 무서워하는 것은?

"……호랑이는 자기 등에 붙은 도둑을 곶감인 줄 안 거야. 그래서 발바닥에 불이 나게 뛰었다지 뭐냐? 아, 그런데도 이 곶감이란 녀석은 떨어지질 않는 거야. 그 때 혼이 난 호랑이는 그 후로도 곶감이라면 벌벌벌 떨었다는구나."

"하하하."

"호호호."

사자네 동네에서는 이야기를 잘 하기로 소문난 아저씨가 '호랑이와 곶감' 이야기로 꼬마 사자들을 웃기고 있었습니다.

"호랑이는 정말 겁쟁이인가 봐요. 쭈글쭈글한 곶감을

보고 그렇게 놀라다니."
"아냐, 모르고 그런 거니까 겁쟁이인 게 아니라 바보인 거지 뭐."
"맞아, 맞아."
사자들은 땅을 치면서 웃었습니다.
"그러니까 호랑이들이 괜히 용감한 척하고 뽐내는 건 정말 웃기는 일이야."
아저씨 사자의 말에 꼬마 사자가 물었습니다.
"그럼 우리 사자들이 제일 무서워하는 건 뭐예요?"
꼬마 사자의 질문에 아저씨 사자가 눈을 크게 뜨며 말했습니다.
"그런 바보 같은 질문을 하다니. 우리 사자들은 절대 무서워하는 것이 없어. 우리는 이 세상에서 제일 용감한 동물이란 말이다. 알겠지?"
"예!"
꼬마 사자들은 숲 속이 떠나가라 큰 소리로 대답을 했습니다.
"그런데 좀 이상하다. 아까부터 땅이 조금씩 움직이는 것 같아."
한 꼬마 사자가 말했습니다.

"참, 너도 호랑이만큼이나 웃긴다. 땅이 움직이는 게 어딨니? 땅이 움직이면 나무도 걸어다니고 바위도 춤을 추겠다."

"그래 맞아. 어떻게 땅이 움직~여어. 어, 정말 이상하다. 왜 이러지?"

꼬마 사자의 말을 비웃던 한 사자가 말을 하다가 몸을 흔들었습니다.

흔들흔들 스르르르.

정말 땅이 움직이기 시작한 것입니다.

"어, 왜 이래? 땅이 막 흔들리네!"

"저길 봐. 땅이 갈라지고 있어!"

산은 무너질 것처럼 큰 소리로 울고, 땅은 열병에 걸린 듯 떨렸습니다.

모여 있던 사자들은 혼비백산하여 이리 뛰고 저리 뛰었습니다. 숲 속의 다른 동물들도 울부짖으며 도망가느라 숲은 온통 수라장이 되었습니다.

얼마나 지났을까, 땅이 고요하게 잠들었습니다.

흩어졌던 사자들과 숲 속의 동물들이 하나 둘씩 숲으로 돌아오고 있었습니다. 동물들은 전쟁터에서 지고 돌아온 병사처럼 힘없는 발걸음이었습니다. 남의 집에 몰

래 들어갈 때처럼 살금살금 조심스레 걷는 동물도 있었습니다.

"난 너무 놀랐어. 땅이 움직이다니."

"정말 꼼짝없이 죽는 줄만 알았지 뭐야. 세상에 태어나서 이렇게 겁에 질려 보긴 처음이야."

"다른 동물들은 다 그렇다고 쳐도 우리 사자들까지 그럴 줄은 진짜 몰랐어."

"맞아, 아저씨가 우리 사자들은 세상에 무서울 게 하나도 없다고 했잖아."

다시 모여든 사자들은 너도 나도 한 마디씩 했습니다.

이 때, 멀리서 아저씨 사자가 한쪽 다리를 절룩거리며 걸어오는 것이 보였습니다.

"아저씨? 왜 이제야 오시는 거예요?"

"응, 좀……."

"아까 너무 놀라셨죠?"

"놀라긴 뭐. 사자가 겁을 내서야 쓰나. 사자는 가장 용감한 동물이라니까."

꼬마 사자들은 괜히 용감한 척하는 아저씨가 우스웠습니다. 한쪽에서 '킥킥' 하고 웃는 소리가 들리기도 했습니다.

"땅이 한번 흔들리고 나니까 저쪽 계곡 모양이 달라진 것 같아."
"그래, 땅은 우리가 생각하는 것처럼 변하지 않고 그대로 있는 것만은 아닌가 봐."
꼬마 사자들이 종알거리는데 아저씨 사자가 위엄 있는 목소리로 말했습니다.
"땅이 흔들리고 갈라져서 그 모양이 변한다고 해도 한 가지 영원히 변하지 않는 것이 있다. 그것은 우리 사자들이 이 세상에서 가장 용감하다는 것, 우리에게는 무서울 것이 없다는 것, 바로 이것이다!"
아저씨 사자는 먼지로 풀썩거리는 갈기를 쓰다듬으며 말했습니다.
꼬마 사자들은 웃음이 나왔지만 꾹 참았습니다.
"어, 또 땅이 흔들린다!"
이 때 누군가가 이렇게 외쳤습니다.
"뭐야? 또?"
다들 놀라 어쩔 줄 모르고 섰는데 아저씨 사자는 어느새 저만치 있는 나무에 달라붙어 떨고 있었습니다. 다른 사자들도 겁에 질린 얼굴로 도망갈 준비를 하고 있었습니다.

"놀라지들 마."
이 때 꼬마 사자가 싱긋 웃으며 말했습니다.
"그냥 장난으로 해 본 거야. 아저씨가 진짜 무서워하지 않나 보려고."
"후유, 다행이다. 깜짝 놀랐잖아."
다른 꼬마 사자들도 모두 놀란 가슴을 쓸어내리며 안도의 한숨을 내쉬었습니다.
"그래, 쥐는 고양이, 개구리는 뱀, 호랑이는 곶감, 우리들은 흔들리는 땅, 모두들 무서워하는 게 한 가지씩은 있는 건가 봐."
사자들은 모두 지쳐 집으로 돌아갔습니다.

지진은 왜 일어날까요?

지진은 지구 내부의 급격한 변화로 인해 땅이 흔들리는 현상을 말합니다. 지진은 지진계를 이용해야 알 수 있을 정도로 아주 작은 것에서부터 광범위한 지역에 큰 피해를 주는 대지진이 있습니다.

지진이 일어나는 원인은 크게 둘로 나누어 볼 수 있습니다.

첫째는 단층을 경계로 양쪽 암반이 급격하게 어긋남으로써 일어나는 단층설이고, 두 번째는 화산 주위에서 일어나는 지진으로 지하의 마그마가 움직여 땅을 흔들리게 하는 마그마 관입설입니다.

대부분의 지진은 지각을 이루는 거대한 판들의 이동으로 일어나는데, 서로 다른 판이 만나는 경계선상에 위치한 곳에서 지진이 자주 발생합니다. 이러한 지역을 지진대라고 부르며 대표적인 곳으로 환태평양 지진대와 알프스·히말라야 지진대가 있습니다.

대지진이 발생하면 땅이 갈라지고 건물이 무너져 많은 사람들이 죽기도 합니다.

놀라운 상식 백과

지진의 진도는?

지진은 보통 리히터 지진계로 측정합니다. 진도 0은 지진계에만 나타날 뿐 사람은 느끼지 못하고, 진도 1은 가만히 있는 사람이나 예민한 사람만 느낄 수 있습니다. 진도 2는 창문이 흔들리고, 진도 3은 집이 흔들리며, 어항 속의 수면이 흔들리기도 합니다. 진도 4는 집이 심하게 흔들리고 꽃병이 넘어지기도 하며, 진도 5는 벽에 금이 가고 굴뚝이나 담장도 무너집니다.

진도 6은 산사태가 나고 땅이 갈라질 뿐 아니라 집이나 건물의 30% 정도가 부서집니다. 진도 7은 집이나 건물이 30% 이상 파괴되고 산이 무너지며, 지반이 변동하여 단층이 생깁니다.

화산은 어떤 곳에서 생길까요?

화산은 깊은 땅 속에 있는 마그마가 땅 표면을 뚫고 땅 위로 솟구쳐 나오는 것입니다. 지구의 중심에서 활동하는 에너지가 바깥으로 나오면서 생기는 현상이지요.

화산이 많이 발생하는 곳은 땅 표면이 약한 태평양 주변의 해안선 근처입니다.

🍂 화석을 찾아서

소설가 거북의 '공룡과 은행나무의 사랑'

"'공룡과 은행나무의 사랑' 있어요?"
"이를 어쩌나, 벌써 다 나갔는데……."
"그럼 언제 들어오는데요?"
"내일 갖다 놓을게요. 들여 놓는 대로 바로바로 나가니 빨리 안 오면 못 살 거유."

바다 서점에 갔던 게는 오늘도 허탕을 치고 돌아왔습니다. 며칠째 부지런히 가 보았지만 책 표지도 구경하기 어려웠습니다.

서점 문 앞에는 "오늘의 베스트 셀러―작가 거북의 '공룡과 은행나무의 사랑'"이라고 크게 써 붙여져 있었습니다. 거북 아저씨는 바다 나라에서는 가장 인정받는

작가입니다. 워낙 글 솜씨가 뛰어난데다가 바다뿐 아니라 동물 세계에서 가장 나이가 많아 경험한 것도 많기 때문입니다.

'도대체 얼마나 재미있길래 그러는 거야? 거북 아저씨한테 가서 무슨 얘기인지 직접 물어 볼까?'

그러다가 게는 고개를 저었습니다.

'그래도 직접 읽는 게 더 재미있을 거야.'

"너 거기서 뭐 하니?"

게가 이런 생각을 하고 있는데, 마침 지나가던 거북 아저씨가 게를 불렀습니다.

"어? 거북 아저씨, 그러지 않아도 아저씨를 찾아갈까 하

던 참이었어요."
"나를 왜?"
"지금 서점에 갔다가 허탕치고 오는 길이에요. 아저씨 책 사려고 며칠째 들렀는데 갈 때마다 다 팔리고 없다잖아요."
거북 아저씨는 빙그레 미소를 지었습니다.
"요즘 그 책 안 읽으면 바다 나라에서 왕따당한다고요. 거북 아저씨, 혹시 책 갖고 계시면 저 좀 빌려 주세요. 네?"
"허허허, 고 녀석 참."
거북 아저씨는 게에게 '공룡과 은행나무의 사랑'을 빌려 주셨습니다.
게는 책을 들고 신이 나서 집으로 돌아왔습니다. 그리고 방 안에 틀어박혀 책을 읽었습니다.

공룡 마멘키사우루스와 은행나무는 늘 그렇게 함께 이야기를 나누며 서로를 아껴 주었습니다. 가끔씩 티라노사우루스처럼 포악한 녀석들이 나타나 둘의 사이를 방해하기도 했죠.
"마멘키, 어서 도망가. 저기 티라노가 오고 있어!"

"나, 그럼 간다. 내일 이 시간에 또 올게. 안녕."

마멘키는 멀리 뛰어가고 티라노가 은행나무 근처로 어기적어기적 걸어왔습니다.

"또 놓쳤구먼. 이 마멘키 녀석 어디 갔어? 은행나무 넌 알지?"

"내가 그걸 어떻게 알아? 아니, 알아도 절대 말해 줄 수 없어."

"뭐야? 너 나한테 한번 혼나 볼래?"

티라노는 늘 이렇게 은행나무와 마멘키를 괴롭혔습니다. 둘의 사이를 시기했던 거죠. 하지만 둘의 사이는 더욱 가까워지기만 했습니다.

'아, 정말 너무 재미있다.'
게는 배고픈 것도 잊고 책읽기에 몰두했습니다.

"마멘키, 그런데 너 요즘 안색이 좋질 않아. 어디 아픈 거니?"

"글쎄 몸이 으슬으슬 떨리는 게 이상하게 춥고 어지러운 것 같아."

"사실은 나도 좀 그래. 잎들도 힘없이 떨어져 나가고 뿌

리도 맥이 없는 것 같고."

휘잉~ 차가운 바람이 마멘키사우루스와 은행나무 옆을 스치고 지나갔습니다.

'이를 어쩌지? 곧 빙하기가 닥칠 텐데……'
게는 마멘키와 은행나무가 옆에 있기라도 한 것처럼 안타까워하며 계속 책을 읽어 나갔습니다.

사방에는 눈보라가 휘몰아치고 공룡들뿐 아니라 지구 위의 모든 생명 있는 것들은 하나 둘씩 쓰러져 갔습니다.
"은행나무야, 난 아무래도 더 이상은 못 버틸 것 같아."
마멘키사우루스는 마지막 힘을 다해 말했습니다.
"마멘키야, 조금만 힘을 내. 우리 같이 견뎌 보자."
은행나무의 목소리도 갈라질 대로 갈라져 있었습니다.
둘의 주위는 이제 거의 얼어붙어 가고 있었습니다.
"아니야, 은행나무야. 우리 여기서는 그만 작별을 하자. 하지만 영원히 헤어지는 건 아냐."
"그래, 우리 돌이 되어서라도, 딱딱하게 굳어서라도 다시 만나자."
"안녕, 은행나무야."

"안녕, 마멘키야."

커다란 마멘키는 땅을 울릴 듯이 큰 소리를 내며 '쿵' 쓰러졌고 은행나무도 선 채로 눈을 감았습니다.

"흑흑흑, 너무나 슬프다. 난 이렇게 슬픈 얘기는 처음 읽어 봐. 으앙."

게는 손수건이 다 젖도록 펑펑 울었습니다.

다음 날, 게는 '공룡과 은행나무의 사랑'을 들고 거북 아저씨를 찾아갔습니다.

"아저씨, 너무너무 재밌고, 너무너무 슬펐어요."

"그래. 재밌었다니 다행이구나."

"그런데 아저씨, 정말 공룡과 은행나무는 돌이 되거나 굳어서 다시 만났을까요?"

게는 둘이 그렇게 죽어 갔다는 것이 마음아팠습니다.

"그럼, 그렇고말고."

"정말요? 어떻게요?"

게가 호들갑을 떨자, 거북 아저씨가 차근차근 설명해 주었

소설가 거북의 '공룡과 은행나무의 사랑'

습니다.

"아주 오래 전, 동물이 죽거나 식물의 잎들이 떨어지면 땅 속에 파묻히거나 바다 밑에 가라앉았거든. 그 위에 새로운 흙이 쌓이고 나면, 약한 부분은 썩고 단단한 부분만 남게 되었어. 그러다가 윗부분의 땅이 깎이고 나면, 원래의 모습이 드러나는 거지. 그래서 지금도 몇만 년 전의 은행나무 화석이나 공룡의 발자국 화석 등을 발견할 수 있는 거란다. 그러니 마멘키와 은행나무도 아마 돌이 되어 다시 만났을 거야."

게는 정말 다행이라고 생각했습니다.

"그 책은 내가 선물한 거니까 갖도록 해라."

"거북 아저씨, 고맙습니다."

게는 '공룡과 은행나무의 사랑'을 안고 나오면서 지금도 다정하게 이야기를 나눌 마멘키와 은행나무를 떠올렸습니다.

궁금증 해결

화석은 어떻게 만들어지는 것일까요?

오랜 옛날에 살았던 나무 줄기나 조개 껍데기, 동물의 뼈 등이 지층 안에 남아 돌처럼 단단하게 굳은 것을 화석이라고 합니다.

지층이 형성될 때, 그 당시 살고 있던 생물의 사체가 모래나 흙에 섞여 함께 묻힙니다. 시간이 지나면 생물의 약한 부분은 썩어 버리지만, 단단한 부분은 썩지 않고 남아 화석이 됩니다.

화석이 만들어지는 과정은 이렇습니다. 동물이나 식물의 죽은 몸이 분해되기 전 호수나 바다 밑에 쌓입니다. 그러면 그 위에 새로운 퇴적물들이 쌓이게 되죠. 그렇게 쌓인 부분에서 약한 부분은 썩고, 단단한 부분만 남죠. 윗부분의 땅이 깎이면 화석의 모습이 드러나는 것이랍니다. 그래서 화석은 여러 암석 중 주로 퇴적암층에서 발견된답니다.

그래서 우리는 화석을 통해서 어느 시기에 어떤 동물이 살았는가 하는 것을 추측해 볼 수 있는 것입니다.

놀라운 상식 백과

화석은 꼭 돌에서만 나올까요?

돌에서 발견되는 화석이 많기는 하지만 얼음 덩어리 속에 묻힌 매머드나 그 형태만 남아 있는 해파리, 동물의 발자국 등도 훌륭한 화석이라고 볼 수 있습니다.

돌처럼 단단하게 되는 것은 산호나 조개 껍데기 따위가 오랜 시간이 지나면서 석회암으로 되거나, 뼈와 나무 따위가 오랜 세월 땅속에 파묻혀 지내는 동안에 광물로 바뀌는 경우랍니다.

공룡은 지구에서 왜 사라졌을까요?

공룡은 지금으로부터 약 2억~6천만 년 전인 중생대에 살았던 몸집이 큰 파충류입니다. 공룡이란 말의 어원은 '디노스(무서운)'와 '사우르(도마뱀)'가 합쳐진 말로 '무서운 도마뱀'이라는 뜻입니다.

공룡이 사라진 이유에 대해서는 여러 가지 설이 많은데 보통 두 가지로 나누어 볼 수 있습니다. 첫째는 빙하설로 따뜻했던 지구의 기온이 점차 떨어지면서 날씨가 추워지자 이를 견디지 못해 얼어 죽었다는 것이고, 둘째는 운석설로 우주 공간에 떠돌던 지름 10km 이상의 운석이 지구로 떨어져서 공룡이 멸종했다는 것입니다.

소설가 거북의 '공룡과 은행나무의 사랑'

땅 속에서 어떻게 뜨거운 물이 솟아오르나요?

아빠원숭이와 아들원숭이가 수영 연습을 하고 있었습니다.
"잘 봐. 우선 자유형부터……이렇게 물살을 가르면 되는 거야."
아빠원숭이가 먼저 시범을 보였습니다.
"아빠, 물이 너무 차가워서 못 들어가겠어요."
겁이 나서 바위 위에서 떨고 있는 아들원숭이를 아빠원숭이가 발로 뻥 걷어차 버렸답니다.
"자, 어때? 물 속에 들어가니 시원하고 좋지?"
아빠원숭이가 물었어요. 그랬더니 아들원숭이 하는 말.
"아니오, 따뜻한데요?"
이상하게 생각한 아빠원숭이가 물 속에 손을 넣어 보니 정말 따뜻한 것이 아니겠어요?
"이야, 우리가 온천을 발견한 거야. 온천을!"
이 때, 옆에서 뭔가 쪼르르르 흐르는 소리가 났어요.
원숭이 부자가 쳐다보니, 글쎄 찬식이가 물에다 실례를 하고 있는 게 아니겠어요?

온천은 지구 내부의 열에 의해서 데워진 지하수가 땅 밖으로 솟아 나오는 샘으로, 주로 화산 지대에 있어요. 온천은 물의 온도가 그 지방의 연평균 기온보다도 높은 것을 말하는데, 우리 나라에서는 23℃ 이상을 기준으로 삼습니다. 온천은 질병 치료를 위한 목욕물로 자주 사용되며, 온천이 솟는 곳은 휴양지로도 개발된답니다.

🍂 열에 의한 물체의 부피 변화

깡충이의 요술 상자

"깡충이는 왜 이렇게 안 오지?"
사슴 왕뿔이랑 멧돼지 꿀꿀이가 버드나무 아래에서 토끼 깡충이를 기다리고 있었습니다.
"아유, 덥다."
"가만 있어도 땀이 나네."
왕뿔이와 꿀꿀이는 흐르는 땀을 닦았습니다.
"저기 온다!"
저 쪽에서 깡충이가 낑낑대며 오고 있었습니다.
"너 오늘같이 더운 날 이렇게 늦을 수 있어?"
"미안, 미안. 이것저것 준비하다 보니 그렇게 됐어."
깡충이가 귀를 쫑긋거리며 말했습니다.

"뭘 이렇게 많이 갖고 온 거야? 저 커다란 상자는 또 뭐고?"

"그건 비밀!"

"치, 별것도 아닌 거 갖고 괜히 폼 잡는 거 나도 다 안단 말야."

꿀꿀이와 왕뿔이는 입을 삐죽 내밀었습니다.

따가운 햇살에 바람 한 점 없는 무더운 날씨.

세 친구 모두 더위에 지쳐 몸이 축 늘어졌습니다. 버드나무 아래의 그늘도 더위를 식혀 주지는 못했습니다. 가느다란 가지들도 아래로 늘어진 채 조금도 움직이려 들지를 않았으니까요.

셋은 가지고 온 음식들을 펼쳐 놓았습니다.

먼저 왕뿔이가 싸 온 김밥을 먹고, 꿀꿀이가 싸 온 간식들을 꺼냈습니다.

"어, 이게 뭐야?"

꿀꿀이가 놀라며 말했습니다. 꿀꿀이의 가방에서 끈끈하고 걸쭉하며 시커먼 물이 흘러 나왔거든요.

"아유, 난 몰라. 내가 초콜릿 싸 왔는데 너무 더워서 다 녹았나 봐."

초콜릿뿐만이 아니었습니다. 캐러멜도 사탕도 껍질이

붙어서 먹을 수가 없었습니다. 꿀꿀이는 이내 울상이 되어 버렸습니다.

"넌 이렇게 더운데 저런 걸 갖고 오면 어떡해?"

"맛있으니까 그렇지."

꿀꿀이는 머리를 긁적이며 못내 아쉬운 표정을 지었습니다.

이 때, 깡충이가 왕뿔이와 꿀꿀이 앞에다 무언가를 쓱 내놓았습니다.

"자, 이거 먹어."

오잉? 그것은 녹기는커녕 차갑기까지 한 초콜릿이었습니다.

"이게 어디서 난 거야? 어떻게 이건 이렇게 멀쩡할 수가 있어?"

"이거 진짜 초콜릿 맞아? 너 마술 부린 거지?"

왕뿔이와 꿀꿀이는 신기한 표정으로 깡충이를 쳐다보았습니다.

"헤헤, 사실 그 비밀은 요기에 있어, 요기에."

깡충이가 가리킨 것은 아까 낑낑대며 들고 오던 하얀 상자였습니다. 깡충이는 그 상자 안에서 물을 꺼내 꿀꿀이에게 주었습니다.

벌컥벌컥 물을 마신 꿀꿀이는 또 한 번 놀랐습니다.

"이야, 물도 정말 차고 시원하다. 이거 작은 냉장고로구나!"

"바보 같은 소리 마. 전기도 없는데 무슨 냉장고야."

왕뿔이는 꿀꿀이에게 무안을 주었습니다.

"이건 아이스박스라는 거야."

"아이스박스?"

깡충이의 말에 둘은 합창을 했습니다.

"응. 이 안에 얼음과 다른 음식을 함께 넣으면 이렇게 되는 거야. 얼음이 녹질 않으니까 다른 음식은 그 차가운 성질의 영향을 받는 거지. 이 상자의 재료는 스

티로폼이거든. 그런데 이 스티로폼은 열을 잘 전달하지 않아. 그래서 밖에 햇볕이 쨍쨍해도 이 상자 안은 차가운 상태 그대로란다."

"그렇구나."

왕뿔이와 꿀꿀이는 또 한 번 합창을 하며 고개를 끄덕였습니다.

"정말 신기한 아이스……."

"넌 그새 잊어버렸냐? 아·이·스·박·스!"

이번에는 꿀꿀이가 왕뿔이에게 무안을 주었습니다.

"에잇, 모르겠다. 난 그냥 요술 상자라고 부를래."

"요술 상자? 하하하."

왕뿔이의 말에 깡충이와 꿀꿀이는 웃었습니다. 깡충이의 요술 상자 덕분에 찌는 듯한 더위도 많이 가신 듯했습니다.

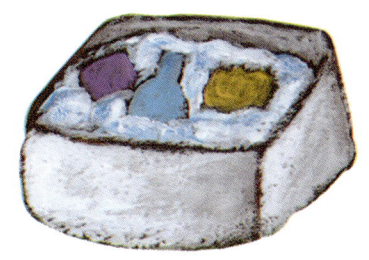

궁금증 해결

아이스박스는 왜 스티로폼으로 만들어져 있을까요?

얼음이나 드라이 아이스 등으로 냉장하는 상자 모양의 용기를 아이스박스라고 합니다. 위에 뚜껑이 있어서 열었다 닫았다 할 수 있고 바깥 상자, 내부 상자가 모두 합성 수지로 된 것이 많습니다.

그럼, 아이스박스를 스티로폼으로 만드는 이유는 무엇일까요?

스티로폼은 폴리스티렌 수지에 발포제(열을 가하면 분해되어 거품을 발생하는 약제)를 가하여 스펀지와 같은 구조로 만들어서 굳힌 플라스틱입니다. 이 제재는 가볍고 튼튼하며 원하는 모양을 자유롭게 만들 수 있어 상자 속에 넣어 상자와 물건의 틈을 채우는 데 많이 사용됩니다. 또 주택의 벽, 천장의 보온 재료, 용기를 만드는 데에도 쓰입니다.

아이스박스를 스티로폼으로 만드는 이유는 열 전도율이 낮아 밖의 기온에 크게 영향을 받지 않기 때문입니다.

아이스박스의 냉장 능력은 안에 들어 있는 얼음이나 드라이 아이스의 양에 비례하지만 용량이나 제품에 의해서 차이가 나기도 합니다.

놀라운 상식 백과

드라이 아이스를 조심하세요

드라이 아이스는 기체인 이산화탄소를 압축하여 고체 이산화탄소로 만든 냉각제로 영하 80℃에서 끓어오르는 것입니다. 이처럼 드라이 아이스는 굉장히 차가운 것이므로, 이것이 피부에 닿으면 화상을 입을 수 있습니다. 그러므로 직접 손으로 만지지 말고 꼭 장갑을 끼고 다루어야 합니다. 또한 병에 밀폐하면 병이 폭발하니 주의해야 합니다.

공기중의 드라이 아이스
물 속의 드라이 아이스

드라이 아이스는 고체 덩어리이지만 공기중에 있는 수증기와 만나면 기화(기체가 되는 것)되어 연기처럼 날아갑니다.

다시 말해 이 연기는 공기중에 있던 수증기가 드라이 아이스에 모여서 아주 작은 물방울이 된 것이죠. 드라이 아이스 주위에 있는 공기는 열을 잘 전달하지 못하기 때문에 증발이 억제되어 물방울(흰 연기)이 적게 발생합니다. 하지만 물 속에 드라이 아이스를 넣으면 억제되었던 수분이 갑자기 증발하게 되어 많은 양의 연기가 발생한답니다.

🍂 열에 의한 물체의 부피 변화

이리 형제의 얼음집

　북극의 이리 가족은 식량을 구하러 나섰다가 눈보라가 몰아치는 바람에 흩어지게 되었습니다. 주위에는 아무것도 보이지 않고 흰 눈에 눈이 부셔 눈조차 제대로 뜰 수가 없었습니다.
　"어디가 어딘지 모르겠어."
　길을 잃고 헤매던 형이리와 동생이리는 추위와 배고픔 때문에 지쳐 있었습니다.
　"이제 우린 어쩌지?"
　"눈보라가 좀 멈추면 가족들이 곧 우리를 찾으러 올 거야."
　"언제 올 줄 알아, 이렇게 추운데."

동생이리는 형이리에게 짜증을 냈습니다.
"걱정 마, 우린 얼어 죽진 않을 거야."
형이리는 동생이리를 달래려고 애를 썼습니다.
잠시 무엇인가를 골똘히 생각하던 형이리는 손바닥을 치며 말했습니다.
"좋은 수가 있다. 얼음집을 짓고 그 안에서 기다리는 거야."
"얼음집이 뭔데?"
동생이리는 추위에 떨며 물었습니다.
"왜 에스키모들이 사는 둥그런 집 말이야."
"그걸 어떻게 만들어. 재료도 없는데."
"여기 있는 눈으로 만들면 돼."
형이리는 자신 있게 말했지만, 동생이리는 어이가 없다는 표정이었습니다.
"눈으로 집을 만들면 그 안에 있으나 밖에 있으나 춥긴 마찬가질 거 아냐?"
"글쎄 한번 내가 시키는 대로만 해 봐."
형이리는 눈을 네모나게 잘라 내기 시작했습니다. 그리고는 벌집 모양으로 쌓아올렸습니다. 동생이리도 형 옆에서 눈 자르는 것을 도왔습니다.

좀 못 미덥긴 했지만 여기서 믿을 것은 그래도 형뿐이었으니까요.
"쓱쓱 삭삭 으샤. 이얏!"
드디어 얼음집이 완성되었습니다.
"와, 그럴싸하다!"
동생이리는 얼음으로 집을 만들었다는 것이 마냥 신기하기만 했습니다.

— 우리 이 안에 있어요.
　　형이리와 동생이리—

형이리는 얼음집 밖에다 이렇게 쓴 깃발을 꽂고 동생이리와 함께 안으로 들어갔습니다.
'앗, 이럴 수가!'
참 이상한 일이었어요.
동생이리가 염려했던 것과는 달리 얼음집 안이 훈훈했던 것입니다. 얼음집 안은 밖의 기온과는 비교할 수도 없을 정도로 따뜻했습니다.
형이리와 동생이리는 얼음집 안에서 춥지 않게 하룻밤을 보냈습니다.

다음 날 아침, 밖에서 두런거리는 소리가 들렸습니다. 밖으로 귀를 쫑긋 세우고 있던 형이리가 외쳤습니다.
"엄마, 아빠 소리가 틀림없어. 우린 이젠 살았다!"
형이리와 동생이리는 밖으로 뛰어나갔습니다.
"엄마, 아빠!"
그 곳에는 엄마이리, 아빠이리뿐 아니라 다른 친척 이리들까지 모두 와 있었습니다.
"엄마가 얼마나 놀랐는 줄 아니? 너희가 정말 없어졌는 줄 알았잖아."
엄마이리가 형이리와 동생이리를 양팔로 안으며 말했습니다.
"너희들, 참 용감하고 총명하구나. 어떻게 얼음집 지을 생각을 다 했니?"
다른 이리들도 두 형제를 모두 칭찬했습니다.
"그냥 에스키모들을 따라 해 봤을 뿐인걸요."
형은 머리를 긁적였습니다.
집으로 돌아가는 길에 동생이리가 아빠이리에게 물었습니다.
"아빠, 참 신기해요. 왜 눈으로 집을 지었는데도 그 안이 춥질 않은 거죠?"

"응. 그것은 눈 알갱이가 공기를 많이 품고 있기 때문이란다. 눈 알갱이가 갖고 있는 공기는 안에서 만들어진 열이 밖으로 새어 나가지 못하게 해 주거든."
'그래서 얼음집 안이 그렇게 훈훈했구나.'
동생이리는 자기에게 용감한 형과 사랑하는 가족들이 있다는 것이 새삼 기뻤습니다. 그리고 이런 생각도 했습니다.
'하지만 아무리 얼음집 안이 따뜻하다고 해도 우리 엄마, 아빠 품보다는 못 하던걸.'

궁금증 해결

에스키모들은 왜 얼음으로 집을 지을까요?

에스키모는 그린란드, 캐나다, 알래스카 등지의 북극해 연안에 살고 있는 사람들을 말합니다. 주로 사냥과 고기잡이로 생활을 하는데 이 때 임시로 머무는 곳이 바로 얼음과 눈으로 만든 얼음집 '이글루' 입니다.

이글루를 만들 때는 먼저 막대기로 눈 속을 박아 보고 필요한 두께와 견고함을 갖춘 층을 찾아 낸 뒤 눈칼로 이글루 바닥을 그립니다. 그런 다음 적당한 크기로 얼음을 잘라 내어 벌집 모양으로 쌓아올리지요. 쌓아 놓은 얼음 벽돌 사이사이로 생긴 틈은 부드러운 눈으로 메웁니다.

에스키모들이 얼음과 눈덩이로 둥글게 만드는 얼음집 이글루는 얼음으로 만든 집이지만 따뜻합니다. 그 이유는 눈 알갱이가 공기를 많이 지니고 있기 때문이죠. 이것은 안에서 만들어진 열을 밖으로 나가지 못하게 해 줍니다.

에스키모들은 얼음 문을 꼭 닫고 이글루 안에 짐승 가죽이며 털을 깔고 삽니다. 물론 그 속에서 불을 피우거나 고래기름 따위로 등잔불을 켤 수도 있습니다.

놀라운 상식 백과

북극과 남극 중 더 추운 곳은 어디일까요?

북극과 남극은 모두 지구에서 추운 곳으로 널리 알려져 있습니다. 북극곰이 사는 북극과, 펭귄이 사는 남극 중 더 추운 곳은 어디일까요? 답은 남극입니다.

북극은 영하 30~40℃쯤 되는데 남극은 여름에도 영하의 추운 날씨가 계속되는데다 추울 때에는 영하 88℃까지 내려갑니다. 또 남극은 거대한 얼음 덩어리로 덮여 있고, 차갑고 무거운 공기가 하늘을 덮고 있어서 몹시 춥습니다. 이에 비해 북극해의 바닷물에는 남쪽으로부터 따뜻한 물(난류)이 흘러 들어와 추위를 누그러뜨려 줍니다.

북극곰은 왜 빙판에서도 미끄러지지 않을까요?

북극곰은 얼음판 위에서도 미끄러지지 않고 물고기를 잘 잡습니다. 그 이유는 무엇일까요? 북극곰은 발바닥에 털이 잔뜩 나 있어서 얼음 위를 미끄러지지 않고 잘 다닐 수 있습니다. 이 털이 일종의 브레이크 구실을 하기 때문에 시속 25㎞ 정도의 빠른 속도로도 미끄러지지 않고 잘 달릴 수 있는 것입니다.

🍂 열에 의한 물체의 부피 변화

참새들의 고무줄놀이

"간질간질간질 봄바람 살랑 불어 오는데
 강남 갔던 제비가 피리를 분다고
 지지배배 지지배배 노래를 한다."
참새들이 편을 갈라 고무줄놀이를 하고 있습니다. 물

론 참새들의 고무줄은 전깃줄이죠.
 먼저 짹짹이네 편에서 줄을 넘고, 파닥이네 편이 전깃줄을 잡았습니다.
 "자, 시작한다. 간질간질가~안질 봄바람 사알랑 불어오……아얏."
 짹짹이네 편이 줄에 걸리고 말았습니다.
 "어? 이상하다."
 "이상하긴 뭐가 이상해?"
 "난 제대로 뛰었는데 줄이 이상하게 늘어진 거 같았어."
 "그럼 우리가 일부러 줄을 늘어지게 잡았단 말야?"
 "그럴 수도 있지 뭐?"
 "뭐야?"
 사이좋게 놀던 짹짹이네와 파닥이네 참새들의 얼굴이 갑자기 험하게 변했습니다.

"너희들 '패자는 말이 없다.'라는 말도 모르니? 이 말의 뜻은 곧 진 사람은 말이 없다, 다시 말해 경기에서 졌으면 두말 없이 물러나라. 뭐 그런 뜻이라고."
파닥이네 편 주장이 열변을 토했습니다.
"그럼 우리가 비겁하게 괜한 얘기를 한다는 거야?"
"그게 아니면 왜 줄이 늘어졌느니 어쨌느니 말이 많냐 이거야?"
"할 말을 한 거지, 말이 많긴 뭐가 많아?"
이젠 정말 싸우기 일보 직전까지 갔습니다.
"야, 야. 그러지 말고 우리 전봇대 아저씨한테 심판을 봐 달라고 하자. 그러면 될 거 아냐."
누군가 이런 말을 하자, 당장에라도 주먹 싸움을 벌일 듯한 분위기는 조금 가라앉았습니다. 모두들 전봇대 아저씨 쪽으로 우르르 몰려갔습니다.
자초지종을 들은 전봇대 아저씨가 말했습니다.
"음, 알겠다, 왜 그러는지. 내가 공정한 판정을 내려 줄 테니 파닥이네도 줄을 한번 넘어 보거라."
다들 의아한 표정을 지었지만, 전봇대 아저씨의 말에 따르기로 했습니다.
짹짹이네는 줄을 잡고 파닥이네가 줄을 넘었습니다.

"간질간질 가안~질 봄바람 살랑 불어오는데 강남 갔…… 아얏."

파닥이네도 쨱쨱이네처럼 몇 소절이 채 다 끝나기도 전에 다리에 줄이 걸리고 말았습니다.

"어? 정말 이상하다. 줄이 저절로 내려간 것 같아."

파닥이네 편에서 이런 말이 나오자, 전봇대 아저씨가 빙긋 웃으며 말했습니다.

"양쪽 편 모두 다 잘못해서 걸린 게 아니다. 보통 여름에는 온도가 높아지면서 전깃줄이 늘어지거든."

"전깃줄이 고무줄도 아닌데 어떻게 늘어나요?"

"허허, 전깃줄은 금속선으로 되어 있단다. 금속은 보통 때 팽팽했다가도 열을 받으면 늘어나는 성질이 있어. 그러니까 전깃줄이 늘어나서 발에 걸렸을 뿐이지 일부러 잘못 잡은 것은 아니란다. 그러니 싸우지들 말고 다른 놀이를 해 보려무나."

쨱쨱이네와 파닥이네는 모두 겸연쩍은 얼굴을 하고 서로를 쳐다보았습니다. 파닥이네가 먼저 손을 내밀었습니다.

"잘 알아보지도 않고……미안해."

"아니야, 우리도 잘못했어. 좋은 말로 했어야 하는데

너무 심하게 말한 것 같아."

양쪽 편 주장이 웃으며 악수를 하자, 모두 크게 박수를 쳤습니다.

"우리 그럼, 무궁화꽃이 피었습니다 할까? 그건 전깃줄이 늘어나도 상관없잖아."

"그래, 좋아."

가위바위보를 하는 짹짹이네와 파닥이네를 보면서 전봇대 아저씨는 흐뭇한 미소를 지었습니다.

여름에는 왜 전깃줄이 늘어져 있을까요?

　금속은 철, 구리, 알루미늄, 금, 은 따위를 말하는데, 여러 가지 광석을 제련소에서 높은 온도의 용광로에 녹여 뽑아 낸 것입니다. 모든 금속은 각각 독특한 성질을 지니고 있지만 비금속과는 다른 공통적인 성질을 갖고 있습니다.

　금속은 열에 따라 길이가 변하는 성질이 있습니다. 그래서 온도가 낮은 겨울철에는 전깃줄이 팽팽해지고, 여름철에는 온도가 높아 전깃줄이 늘어집니다. 이것은 구리줄이나 철사를 가열해 봐도 알 수 있습니다.

　또 기차나 전철의 레일을 통해서도 이 사실을 확인할 수 있는데 겨울철에는 레일의 이음매가 벌어지고, 여름철에는 레일이 늘어나 이음매 틈이 좁아집니다.

　또 열은 금속선의 길이뿐 아니라 부피 역시 변하게 합니다. 열을 얻은 금속은 부피가 늘어나고 식힌 금속의 부피는 줄어듭니다.

놀라운 상식 백과

금속은 어떤 성질을 갖고 있을까요?

금속의 성질을 정리해 보면 다음과 같습니다.

첫째로, 열과 전기가 잘 통하며 얇게 퍼지고 길게 늘어납니다. 둘째로, 수은을 제외하고는 고체이고 불투명합니다. 셋째로, 광택이 나며 빛을 반사합니다. 넷째로, 녹이 슬고 산에 녹습니다. 다섯째로, 열에 따라 늘어나고 줄어들기도 하며 높은 열에서는 녹습니다.

금속을 녹슬지 않게 하려면?

금속을 공기중에 오래 두면 공기중의 수분(물)과 산소가 결합해서 녹이 습니다. 이것을 방지하려면 도금 또는 페인트칠을 하거나 기름칠 또는 기름 종이에 싸 두면 됩니다.

도금은 전류의 힘을 빌려서 어떤 금속의 표면에 다른 얇은 금속 막을 입히는 것을 말합니다. 도금용으로는 색과 광택이 곱고 단단하며 녹이 잘 슬지 않는 금속이 주로 쓰입니다. 우리가 매일 사용하는 숟가락이나 포크, 가구 손잡이, 다리미 등의 금속 제품은 모두 도금된 것입니다.

씽크탱크
기차 레일 이음매에는 왜 틈이 있을까요?

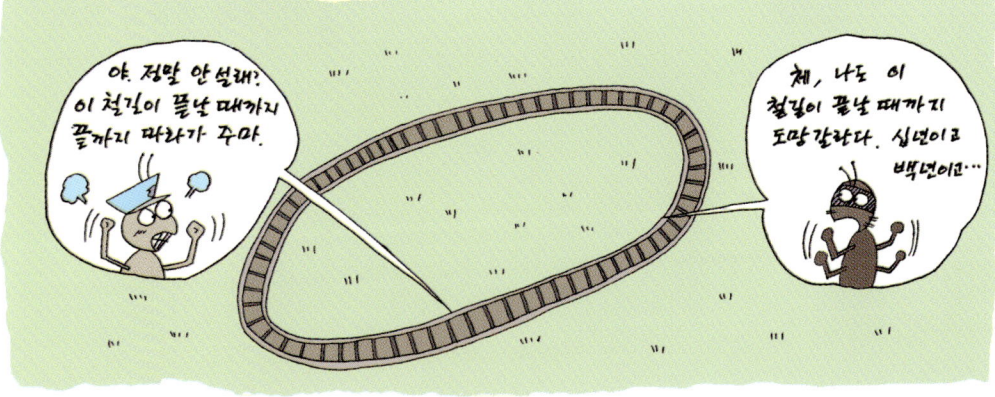

"거기 서라!"

형사 개미가 기찻길에서 도둑 개미를 쫓고 있었습니다.

"너 같으면 서겠냐?"

도둑 개미는 형사 개미를 놀리며 더 빠르게 도망을 갔어요.

뜨겁게 내리쬐는 햇볕 아래 목도 마르고 다리도 아파진 형사 개미는 헉헉거렸습니다.

"더워서 더 이상 못 가겠다."

"그러게 내가 뭐랬어, 포기하고 그냥 가라니까."

그래도 형사 개미는 계속 도둑 개미를 쫓았답니다.

그렇게 쫓고 도망가고 하다 보니 어느 새 계절은 낙엽이 떨어지는 가을로 접어들었습니다. 하지만 형사 개미는 변함 없이 쫓았고, 도둑 개미는 도망쳤습니다. 이제 흰 눈 내리는 겨울이 되었습니다. 형사 개미와 도둑 개미는 손을 호호 불며 뛰었습니다.

"야, 빨리 서지 못해? 이 철길이 끝날 때까지 널 쫓고 말 거야."

"나도 이 철길이 끝날 때까지 도망칠 거야. 메롱."

그런데 아무래도 도둑 개미는 잡히지 않을 것 같습니다. 왜냐고요? 그 이유는 바로 철길이 동그랗게 이어져 있기 때문이죠.

기차나 전철의 레일을 보면 이음매에 작은 틈이 나 있는 것을 볼 수 있습니다. 그것은 여름에 기온이 올라 레일이 늘어나 휘어지는 것을 막기 위한 것이랍니다.

🌀 용수철 늘이기

엉뚱한 생일 선물

"생일 축하해!"
"고마워."
수업을 마친 상철이와 친구들이 큰 소리로 미나의 생일을 축하해 주었습니다.
"미나야, 빨리 촛불 꺼."
친구들의 성화에 미나가 휠체어 바퀴를 밀어 책상 쪽으로 바짝 다가갔습니다. 미나는 다리가 불편해 휠체어에 앉아 생활을 했습니다.
"후우~"
미나가 입술을 모으고 입김을 불었습니다. 그러자 케이크의 촛불이 흰 연기를 남긴 채 꺼졌습니다.

아이들은 손뼉을 치며 폭죽을 터뜨렸습니다.
"미나야, 이거 생일 선물이야."
슬기가 선물을 내밀었습니다.
"우아, 슬기가 선물한 게 뭘까? 정말 궁금한걸."
상철이가 너스레를 떨었습니다. 미나는 조심조심 리본을 푼 뒤 작은 상자의 뚜껑을 열었습니다.

"어머, 정말 예쁘다."

상자 속에는 귀여운 토끼 모양의 장식이 붙은 볼펜이 들어 있었습니다. 미나가 토끼의 귀를 누르자 똑각 소리와 함께 볼펜 심이 나왔습니다.

"고마워, 슬기야."

미나의 인사가 끝나자 뒤이어 아이들이 하나둘 선물을 꺼냈습니다. 창희는 귀여운 곰인형, 연주는 예쁜 머리핀을 선물했습니다.

"미나야, 내 것도!"

마지막으로 상철이가 선물을 건넸습니다.

미나는 상철이가 준 커다란 상자를 무릎 위에 놓고 뚜껑을 열었습니다. 순간, 상자 안에서 무언가 피웅 하고 솟아올랐습니다. 그것은 아주 귀여운 피에로였습니다.

미나는 갑자기 튀어나온 피에로를 보고 자신도 모르게 소리를 질렀습니다.

"으아악~ 이게 뭐야?"

그러나 미나보다 더 놀란 것은 아이들이었습니다. 그동안 앉아만 있던 미나가 벌떡 일어났기 때문입니다.

"미, 미나야?"

"으, 응?"

얼떨결에 일어선 미나도 다리를 쳐다보았습니다.
"상철이 너, 이렇게 심한 장난을 치면 어떡해!"
슬기가 상철이를 나무랐습니다.
"난 그냥 재미있으라고 한 건데……."
상철이는 말을 잇지 못하고 미나의 눈치만 살폈습니다. 비록 책상에 기대기는 했지만 미나는 그 때까지도 두 발로 서 있었습니다. 조금 뒤 아이들의 도움을 받아 휠체어에 앉은 미나가 활짝 웃으며 소리쳤습니다.
"와아아~ 내가 일어섰어, 일어섰다고!"
미나는 신이 나 있었습니다. 얼굴에 함박웃음을 짓고 있는 미나는 그 어느 때보다 생기가 넘쳐 보였습니다.
"미, 미나야. 너, 괜찮니?"
"괜찮고말고. 이거 진짜 재미있다. 어떻게 상자 속에서 도깨비가 튀어나올 수 있지?"
미나가 도깨비를 가리키며 즐거워했습니다.
"그건 용수철의 힘 때문이야."
큰 잘못을 저질렀는 줄 알고 쭈뼛거리던 상철이가 언제 그랬느냐는 듯 의기양양하게 말했습니다.
"용수철은 철선을 나선형으로 꼬아 만든 건데, 탄력이 강해서 늘어나거나 줄어들었다가 제자리로 돌아오려

는 힘이 강한 물건을 말하지. 이러한 용수철의 성질을 탄성이라고 해."

탄성은 물체가 원래의 상태로 되돌아가려는 성질을 가리킵니다.

"아, 그럼 이 도깨비 상자는 용수철을 눌렀다가 놓으면 제자리로 돌아가려는 성질을 이용한 것이로구나."

"맞아. 슬기가 준 볼펜이나 네가 언젠가는 꼭 타고 싶다던 스카이 콩콩, 꼬마들이 통통 튕기며 노는 텀블링 같은 도구들이 바로 용수철을 이용해 만든 것이지."

신이 난 상철이는 팔짝팔짝 뛰며 텀블링하는 흉내를 냈습니다. 그러자 아이들이 상철이의 모습을 보고 깔깔대며 웃었습니다.

"나도 자유롭게 뛸 수 있으면 얼마나 좋을까?"

갑자기 풀이 죽은 미나의 말에 아이들의 웃음이 잦아들었습니다.

"미나야, 힘내. 넌 꼭 일어나 뛰어다니게 될 거야."

"맞아. 상철이의 엉뚱한 생일 선물 덕분에 네가 일어설 수 있다는 것도 확인했잖아."

슬기의 말에 아이들이 모두 하나가 되어 미나에게 손뼉을 쳐 주었습니다

아이들은 다시 한 번 입을 맞추어 생일 축하 노래를 불렀습니다. 노래를 부르는 사이 상철이는 분위기를 맞춘다며 스카이 텀블링 타는 시늉을 하기도 했습니다.

미나는 밝고 따뜻한 마음을 가진 친구들의 축하를 받으며 가장 즐거운 생일을 보내고 있었습니다.

궁금증 해결

용수철도 생김새가 다른가요?

용수철이라고 하면 흔히 나선형으로 꼬아진 철선만을 떠올리게 됩니다. 그러나 사용하는 용도에 따라 용수철의 굵기나 길이뿐만 아니라 모양도 여러 가지가 있지요.

용수철이 줄어들었다가 본래의 길이로 돌아오는 성질을 이용하는 것에는 볼펜이나 스카이 콩콩, 스테이플러와 같은 물건들이 있지요.

이러한 물건에 쓰이는 용수철은 나선으로 꼬아진 골 사이에 넓은 공간이 있어 용수철이 잘 줄어들 수 있게 되어 있답니다.

한편, 용수철이 늘어났다가 본래대로 돌아가는 성질을 이용한 것에는 텀블링 기구나 용수철 저울, 완력기 등이 있습니다.

이런 물건에 쓰이는 용수철은 골과 골 사이의 틈이 거의 없이 붙어 있지요.

그리고 완충기, 엘리베이터, 침대 등에 충격을 덜 받기 위해 쓰이는 용수철이나 장난감, 가위 등에 쓰이는 태엽과 같은 용수철도 각각의 용도에 맞는 모양을 하고 있습니다.

이렇게 모양이 조금씩 다르기는 하지만 용수철은 모두 탄성을 이용한 것입니다.

용수철 저울은 언제부터 사용했나요?

용수철 저울은 용수철의 늘어나는 성질을 이용해 물체를 달아 용수철이 늘어나는 만큼을 그 물건의 무게로 여기는 도구이지요.

용수철 저울을 누가 발명했는지는 알 수 없습니다. 그러나 처음 사용한 때는 1770년경 영국의 상인들이 거래를 할 때인 것으로 알려져 있습니다.

용수철 저울은 정확도가 좀 떨어지지만 사용이 편리해 간단한 물건을 팔 때나 요리를 할 때 많이 쓰입니다.

탄성을 이용한 물건들엔 어떤 것들이 있나요?

우리 주변에는 탄성을 이용한 물건들이 매우 많습니다. 특히 용수철은 만들기 쉽고 쓰기 편리해 여러 가지 물건에 사용됩니다.

종이를 묶는 역할을 하는 스테이플러, 운동을 할 때 쓰는 완력기, 놀이 기구인 스카이 콩콩, 체중을 재는 체중계, 필기구인 볼펜 등이 그것입니다.

자동차나 비행기 등에도 탄성을 이용한 물건이 들어 있답니다.

🍂 모습을 바꾸는 물

꾀쟁이 물장수

사막의 어느 나라에 하산이라는 꾀쟁이 물장수가 있었습니다.

"오늘은 산드라네 집으로 배달을 가야겠군."

하산은 물 두 동이를 들고 집을 나섰습니다. 한참 걸어 모래 언덕에 이르자 멀리 산드라의 집이 보였습니다.

"아직도 멀었네. 여기서 좀 쉬어 가야지."

하산이 물동이를 내려놓으려고 할 때 발 끝에 뭔가가 걸렸습니다. 하산은 얼른 모래를 파헤쳤습니다.

"이건 램프잖아. 깨끗하게 닦으면 쓸만하겠는걸."

하산은 소맷자락으로 램프를 쓱쓱 문질렀습니다.

순간, 램프에서 하얀 연기가 피어오르더니 거인 도깨

비가 나타났습니다.
"아~함, 잘 잤다."
하품을 하고 난 거인 도깨비는 하산에게 말했습니다.
"저를 깊은 잠에서 깨워 주셨으니 세 가지 소원을 들어 드리겠습니다. 소원을 말씀하십시오."
난데없는 제안에 하산은 정신이 없었습니다. 하지만 꾀쟁이 하산이 이 기회를 놓칠 리 없었지요.
'물이 넘치지 않는 물동이를 달라고 할까? 아니지. 아예 물을 딱딱하게 만들어 달라고 하는 게 낫겠어.'
하산은 주저하지 않고 말했습니다.
"물을 모두 딱딱하게 바꿔 줘! 나는 물장수인데 물을 나를 때마다 넘쳐 흘러서 손해를 많이 봤거든."
하산의 말에 거인 도깨비가 고개를 갸웃거렸습니다.
"물을 딱딱하게 만들려면 날씨를 바꿔야 합니다. 그래도 괜찮겠습니까?"
"좋아, 좋아. 그깟 날씨야 바뀌면 어때."
하산은 도깨비를 향해 손을 휘휘 저었습니다.
"무라무라비아 함무라무라비아!"
거인 도깨비가 주문을 외우자 날씨가 추워졌습니다.
"자, 이제 물동이의 물이 딱딱하게 변했으니 첫번째

소원을 들어 드린 셈입니다."
물동이의 물은 정말로 딱딱하게 변해 있었습니다.
"와! 이거 어떻게 한 거야?"
하산이 두 눈을 동그랗게 뜨고 물었습니다.
"하하하, 순수한 물은 온도가 0도가 되면 얼음으로 변한답니다. 얼음이란, 액체 상태였던 물이 고체의 상태로 변한 것을 가리키지요. 즉, 얼음은 고체 상태의 물인 셈입니다."

신이 난 거인 도깨비는 계속 말을 이었습니다.
"모든 물질은 상태에 따라 고체, 액체, 기체로 나눌 수 있는데, 물도 마찬가지입니다. 고체일 때는 얼음,

액체일 때는 물, 기체일 때는 수증기라고 하지요."
"고맙다, 도깨비야. 네 덕분에 물을 흘리지 않고 배달할 수 있게 됐어. 그런데 왜 이렇게 춥지?"
하산은 꽁꽁 언 손을 마구 비볐습니다.
"물을 고체 상태로 유지하기 위해 제가 기온을 낮췄거든요. 물이 상태를 바꾸게 되는 건 온도 때문입니다. 물은 0도 아래에서는 얼음으로, 100도보다 높을 때는 수증기로 변하지요. 따라서 물이 항상 얼음인 상태를 유지하려면 기온이 0도보다 낮아야 합니다."
"뭐? 그럼, 날씨가 매일 이렇게 춥단 말이야? 안 돼. 이러다간 사람들이 모두 얼어 죽고 말 거야. 다시 날씨를 따뜻하게 해 줘."
하산이 소리쳤습니다. 그러자 거인 도깨비가 재빨리 주문을 외웠습니다. 이윽고 날씨가 따뜻해졌지요. 물론 물동이의 얼음도 녹아 물이 되어 있었습니다.
"자, 이제 소원은 하나밖에 남지 않았습니다."
마지막 소원만 남았다는 말에 하산은 정신을 바짝 차렸습니다. 그리고 곰곰이 생각한 뒤 말했습니다.
"내 소원은 네가 내 당나귀가 되어 주는 거야. 그러면 나는 물동이를 당나귀 등에 얹고 다닐 수 있으니까

훨씬 편할 거야."
"그, 그건 안 됩니다!"
"안 되긴 뭐가 안 돼? 약속을 했잖아."
결국 거인 도깨비는 당나귀가 되고 말았습니다.
힘 좋은 당나귀를 얻게 된 하산은 그 때부터 편안하게 물 장사를 할 수 있었답니다.

궁금증 해결

얼음, 물, 수증기는 어떻게 다를까요?

물은 보통 온도에서는 액체 상태입니다. 이런 물을 0도 이하로 얼리면 딱딱한 고체 상태가 되는데 이것이 얼음입니다. 또 100도 이상으로 가열하면 물은 수증기로 변합니다. 즉, 물이 온도에 따라 모습을 바꾼 것이 바로 얼음, 물, 수증기입니다. 이것은 물을 이루고 있는 분자가 서로 다르게 결합해 있기 때문입니다. 물 분자들이 서로 튼튼하게 서로를 잡아당기고 있는 상태는 얼음, 좀더 느슨하게 결합되어 있으면 물, 그리고 아주 자유롭게 결합해 있으면 수증기가 되는 것입니다. 즉, 물을 이루고 있는 분자들은 같은데 서로 결합해 있는 상태가 다르다는 말이지요. 그런데 물은 아무리 끓여도 100도 이상은 올라가지 않는답니다. 액체 상태였던 물이 기체로 변하면서 열을 가져가기 때문이지요. 이것을 '끓음(비등)'이라고 합니다. 그렇다면 물은 온도가 100도일 때만 기체로 변할까요? 사실은 그렇지 않습니다. 우리는 웅덩이에 고인 물이나 젖은 빨래가 쉽게 마르는 것을 볼 수 있습니다. 이것은 물이 수증기로 바뀌어 공기 중으로 날아갔기 때문이지요. 그렇다고 물이 펄펄 끓어서 수증기로 변한 것은 아닙니다. 이렇게 물과 같은 액체가 끓지 않고서도 기체로 변하는 것을 증발이라고 합니다.

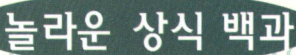

얼음은 왜 물에 뜨나요?

한겨울에 강물을 보면 얼음 덩어리들이 강물 위를 떠가는 것을 볼 수 있습니다. 이것은 얼음이 물보다 가볍기 때문입니다. 같은 물이라고 하더라도 온도에 따라 무게가 달라집니다. 같은 양의 물이라면 온도가 4도일 때가 가장 무겁지요.

호수의 윗부분이 얼어도 바닥은 얼지 않는 것은 가장 무거워진 4도의 물은 아래로 내려가고 바닥에 있던 따뜻한 물은 위로 올라가는 순환이 이루어지기 때문이지요.

왜 겨울철에 수도관이 얼면 터지나요?

물을 컵에 넣고 얼리면 컵 윗부분으로 볼록하게 얼음이 올라오는 것을 볼 수 있습니다. 이것은 물이 얼면서 부피가 늘어나기 때문이지요. 실제로 물 10밀리리터를 얼리면 얼음은 11밀리리터 정도의 부피가 됩니다.

겨울철에 수도관이 얼어서 터지는 것이나 김치를 담아 두었던 김장독이 얼면 깨지는 이유는 바로 물이 얼음으로 변하면서 부피가 늘어나기 때문입니다.

🍄 열의 이동과 우리 생활

냄비와 뚝배기

양파와 당근은 친구입니다.

오늘 저녁이나 내일 아침에 요리 재료가 되어 사라지는 일만 없다면 둘은 아무런 걱정이 없을 만큼 무지무지 행복했습니다.

"양파야, 자니?"

"아니."

"왜 안 자?"

"내일쯤이면 우리도 찬거리가 될지도 모르잖아. 그런데도 넌 잠이 오니?"

"하긴 그래. 후유~"

당근은 깊은 한숨을 내쉬며 오늘 아침에 있었던 일을

떠올렸습니다.

　오늘 아침에 감자가 부엌칼에게 산산 조각 나던 바로 그 일을 말입니다.

　"너, 아침에 감자가 무참하게 잘리는 거 봤지?"

　"보고말고. 아이, 끔찍해."

　양파가 온몸을 바르르 떨었습니다.

　"우리도 곧 그렇게 되겠지?"

　"으아앙, 그만 해. 무섭단 말야."

　양파는 그만 울음을 터뜨리고 말았습니다.

　덩달아 슬퍼진 당근도 찔끔찔끔 눈물을 흘렸습니다. 그러다가 곧 마음을 가다듬고 이 위태로운 상황을 어떻게 하면 벗어날 수 있을지 곰곰이 생각했습니다.

　"당근아, 무슨 생각을 그렇게 골똘히 하니?"

　"으응, 다름이 아니라……."

　당근은 잠시 머뭇거리는 듯하더니 이내 아주 단호하게 말했습니다.

　"양파야, 우리 숨자!"

　"몸을 숨기자고?"

　"응, 문이 닫혀 있으니 도망칠 수는 없고, 주인 아주머니 눈에 띄지 않도록 숨는 거야."

"역시 너는 똑똑한 당근이야."
"으흐흐, 당근이지(당연하지)."
우쭐해진 당근이 거드름을 피웠습니다.
"그런데 어디에 숨지?"
"아무래도 그릇 속이 좋겠지. 난 냄비 속으로 들어갈 테니까, 넌 뚝배기 속으로 들어가."
당근이 친절하게 숨을 곳까지 말해 주었습니다. 그런데 양파가 생각해 보니 냄비는 뚜껑이 있고 뚝배기는 뚜껑이 없었습니다. 양파는 뚜껑이 있는 냄비가 더 안전할 것만 같았습니다.
"당근아, 우리 바꾸자."

"왜?"

"뚝배기는 무겁고 투박해서 특별한 음식을 할 때만 사용하잖아. 하지만 냄비는 가볍고 사용하기 편해서 아무 때나 사용하잖니."

"아하, 그러니까 냄비보다 뚝배기가 안전할 거다 그 말씀이군."

"그렇지. 내가 아무리 찬거리가 되기 싫다고, 하나밖에 없는 친구인 너를 위험에 빠뜨릴 수야 없지. 내가 냄비에 들어갈 테니 너는 뚝배기에 들어가."

"으아아, 정말 눈물나는 우정이다, 양파야."

당근은 양파의 우정에 감동한 나머지 또 눈물을 뚝뚝 흘렸습니다.

"당근아, 지금 그렇게 감상에 빠져 있을 때가 아니야. 어서 들어가."

양파의 말에 당근은 콧물을 훌쩍거리며 뚝배기 속으로 들어갔습니다.

양파는 당근이 뚝배기 속으로 들어간 것을 확인하고 나서야 냄비 안으로 들어가 뚜껑을 닫았습니다.

"히히히, 이 바보 같은 당근아. 냄비는 뚜껑이 있다는 걸 왜 모르니?"

양파가 안도의 한숨을 내쉴 때였습니다.
"쿵쿵쿵!"
누군가 걸어오는 소리가 나더니 냄비의 뚜껑이 확 열렸습니다.
"으악!"
양파는 기겁을 하고 놀랐습니다. 마음을 가다듬고 다시 보니 주인 아주머니였습니다.
"아, 아주머니, 저를 어쩌시려고요?"
양파가 기어들어가는 소리로 물었지만 주인 아주머니는 아무런 대답도 없었습니다.
아주머니는 대답 대신 차디찬 물을 양파 위로 쏟아 부었습니다.
"으으으, 차가워!"
갑자기 쏟아진 찬물에 양파는 몸이 와들와들 떨렸습니다.
그런데 그것도 잠시. 아주머니가 불을 피웠는지 냄비가 밑바닥부터 뜨거워지기 시작했습니다.
아주머니는 아무 일도 없다는 듯이 설거지를 하고 있었습니다.
냄비 속 물은 아주 빨리 뜨거워졌습니다.

"앗, 뜨거워!"

양파는 너무 뜨거워서 냄비 밖으로 펄쩍 뛰쳐나오고 말았습니다.

밖에 나와 보니 뚝배기 밑에도 파란 불꽃이 타오르고 있었습니다.

"당근 쟤는 뜨겁지도 않나 봐!"

양파는 답답한 나머지 당근을 불렀습니다.

"당근! 너는 안 뜨거워?"

"응, 따뜻하고 좋은데."

"네가 깔고 앉은 뚝배기에 불이 붙었어!"

"뭐야?"

깜짝 놀란 당근이 그제야 뚝배기 밖으로 후닥닥 뛰쳐나왔습니다.

"어유, 정말 뚝배기에 불이 붙었네."

"그럼 내가 거짓말하는 줄 알았어?"

친구 당근을 구한 것이 자랑스러운지 양파가 우쭐댔습니다. 바로 그 때, 설거지를 하고 있던 아주머니가 다가왔습니다. 아주머니는 뭔가 급한 일이 생겼는지 부랴부랴 불을 끄고 밖으로 나갔습니다.

숨을 죽이고 있던 당근이 먼저 입을 열었습니다.

"양파야, 너 춥지 않니?"

"추워. 몸에 물이 묻어서 그런가 봐!"

물을 뒤집어썼던 양파와 당근은 물이 마르면서 몸이 떨리기 시작했습니다.

"왜 갑자기 추워지는 거지?"

양파가 물었습니다.

"그건, 몸에 묻었던 물기가 마르면서 체온을 빼앗아 가기 때문이야."

"그렇군. 그럼 얼른 물 속으로 들어가서 물이 마르지 않도록 해야지."

당근의 말을 들은 양파가 가만히 생각해 보았습니다.

'좀 전에 냄비 물은 무지하게 뜨거웠고, 뚝배기 물은 따뜻했지. 그렇다면 이번엔 내가 뚝배기로 들어가야겠는걸.'

양파는 당근이 움직이기 전에 먼저 뚝배기 속으로 뛰어들었습니다.

"이얍! 뚝배기야, 내가 간다!"

당근은 할 수 없이 양파가 들어갔던 냄비 속으로 들어갔습니다.

"양파 너 왜 이랬다 저랬다 하니?"

그런데 뚝배기 속으로 뛰어들어간 양파가 갑자기 비명을 질렀습니다.
"으아악! 양파 살려~"
"왜 그래?"

당근이 깜짝 놀라 뚝배기 속의 양파에게 물었습니다.
"물이 너무 뜨거워! 으아아."
"히히히, 그럴 줄 알았지. 원래 뚝배기의 음식은 천천히 익지만, 식을 때도 느리게 식거든. 하지만 냄비 속의 음식은 빨리 뜨거워졌다 빨리 식지."

당근이 천천히 냄비 밖으로 나오며 말했습니다. 그제야 양파는 자신이 잔꾀를 냈던 것이 부끄러워졌습니다.
"당근아, 너는 다 알고 있었구나."

그렇습니다. 냄비는 열을 잘 전달하는 알루미늄이나 스테인리스 같은 금속으로, 뚝배기는 열을 잘 전달하지 않는 흙으로 만들어졌습니다.

따라서 냄비는 밖의 온도에 따라 쉽게 식었다 뜨거워졌다 하지만, 뚝배기는 냄비에 비하면 온도의 영향을 느리게 받는 편입니다.

이렇게 어떤 물질이 열을 전달하는 능력을 열전도율이라고 합니다.

"그럼, 다 알고 있고말고. 네가 처음 냄비에 먼저 뛰어든 것도, 나중에 와서 뚝배기에 뛰어든 이유도 나는 다 알고 있었단다."

"으헤헤, 열전도율 때문에 내가 너에게 톡톡히 망신을

당하는걸."

양파는 따뜻한 냄비 속 물에 슬그머니 몸을 담갔습니다. 그리고는 멋쩍게 머리를 긁적이며 사과했습니다.

"당근아, 미안해. 내가 너무 내 생각만 했어."

"괜찮아."

당근도 다시 따뜻한 냄비 물 속으로 들어갔습니다.

"자, 이리 와. 우리 같이 몸을 녹이자. 당근아, 이제 다시는 안 그럴게. 우리 찬거리가 되어 사라지는 날까지 진실한 친구로 지내자!"

"물론이지, 양파!"

당근은 여전히 양파를 보며 빙그레 웃었습니다.

그 날 밤, 열전도율을 통해 다져진 양파와 당근의 우정이 싸늘했던 부엌을 다시 훈훈하게 해 주었습니다.

열의 정체는 무엇일까요?

열은 물체의 온도를 높이고 상태를 변화시키는 에너지예요.

끓는 물을 계속 가열해도 물의 온도는 100도 이상 올라가지 않습니다. 또 얼음은 다 녹기 전까지는 0도 이상 올라가지 않지요.

이것은 밖에서 들어온 열이 액체를 기체로, 고체를 액체로 변화시키는 데 쓰이기 때문이지요.

열의 온도는 높은 곳에서 낮은 곳으로 흐르는 성질이 있어요. 그래서 철사의 한쪽 끝을 가열하면 열이 점차로 이동하여 가열하지 않은 쪽까지 뜨거워지게 되지요. 이를 열의 전도라고 합니다.

열의 전도 속도는 고체가 가장 빠르고, 액체가 그 다음이며, 기체는 가장 느립니다.

열은 이 밖에도 대류와 복사로 전달되는데, 대류는 공기와 같이 물체 스스로가 움직여서 열을 운반하는 것을 가리킵니다.

또한 복사는 검은 종이가 태양열을 받아 뜨거워지는 경우와 같이 물체에서 열에너지가 전자기파로 방출되어 열이 이동하는 것을 가리킵니다.

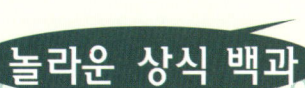

놀라운 상식 백과

뚝배기의 비밀

　뚝배기는 우리 고유의 그릇입니다. 보통 찌개를 끓이거나 조림을 할 때 쓰이지요. 겉모양은 흑갈색 잿물을 칠해 검은 갈색을 띠며 투박해 보입니다.

　뚝배기는 냄비처럼 빨리 끓지는 않지만 뜨거워진 다음에는 쉽게 식지 않습니다. 그래서 겨울철에 찌개, 탕 등 따끈한 음식을 담는 데 좋지요.

　한편 냄비는 열전도율이 높은 알루미늄이나 스테인리스 같은 금속으로 만듭니다.

　알루미늄은 가벼우며 녹이 슬지 않고 가공하기가 쉬워서 다양하면서도 멋진 모양의 냄비를 만들 수 있습니다. 하지만 재질이 약하기 때문에 음식에 물기가 없어지면 냄비 바닥이 타서 쉽게 상합니다.

　또 다른 금속인 쇠는 강하지만 쉽게 녹이 슬고, 스테인리스는 녹이 슬지 않고 오래 쓰기는 하지만 알루미늄만큼 열전도율이 높지 않으며 가격이 비쌉니다.

새 교과서 완벽 반영
'바르고 예쁜 글씨'

1. 개정 국어 교과서에 맞춰 단원별로 구성했어요.
2. 모범 글씨체로 바르고 예쁜 글씨체를 익혀요.
3. 실제 원고지와 똑같은 모눈 칸에 충실한 쓰기 연습을 해요.
4. 체계적인 내용으로 한글의 구성 원리를 깨우쳐요.
5. 과목과 쪽수를 밝혀 예습·복습에 안성맞춤이에요.
6. 단원별 받아쓰기 급수표로 받아쓰기 실력을 키워요.
7. 생생한 사진과 맛깔 나는 삽화로 학습 효과를 높였어요.
8. 틀리기 쉬운 말을 꼼꼼히 체크해요.
9. 맞춤법, 원고지 사용법을 정확히 익혀요.

각 190×260mm | 152쪽 | 9,500원